BADEN
Kulinarische Streifzüge

Werner O. Feißt
Annette Wackershauser

BADEN

Kulinarische Streifzüge

Mit 64 Rezepten,
exklusiv fotografiert
für dieses Buch
von
Hans Joachim Döbbelin

SIGLOCH
EDITION

Inhalt

Schwarzwaldlandschaft: Wald im Wechsel mit den Matten und Äckern der weit verstreut liegenden Höfe.

Zu Abbildung auf Seite 2: Weinland Baden! Das Besondere am Kaiserstuhl sind die Lößterrassen auf vulkanischem Gestein. Die wärmste Gegend Deutschlands bringt Weine hervor, die „die Glut des erloschenen Vulkans in sich haben".

Liebe Leser,

es hat viel Spaß gemacht, dieses Buch zu schreiben, in alten Kochbüchern und Aufzeichnungen zu stöbern. Halbvergessenes wieder zu entdecken. Aber vor allem, die Rezepte nachzukochen, zu verfeinern und, liebe Leser, wir gestehen Ihnen, daß wir es ohne einen Gedanken an Kalorien und sonstigen Schnickschnack getan haben, sie zu essen, was sage ich, zu genießen.

„Wahre Delikatessen", würde unser Freund Franz Keller aus Oberbergen sagen, der es wissen muß, denn schließlich ist er nicht nur ein bekannter Wirt, sondern einer, der selber gerne ißt.

Früher gab es im Schwarzwald den Spruch: „Einmal gut gelebt, denkt einem lang." Es gab eben nicht alle Tage Fleisch. Der Alltag war karg und bescheiden: Gemüse, Kartoffeln, Teigwaren. Also machen Sie aus einem Werktag ein Fest, kochen Sie badische Herrlichkeiten. Zählen Sie für diesen Tag keine Kalorien, und fasten Sie halt morgen.

Eines dürfen wir nicht vergessen, zu danken. Annettes Großmutter und Werners Mutter, aus deren handgeschriebenen Kochbüchern die schönsten Rezepte stammen. Und all denjenigen, die uns außerdem Rezepte zur Verfügung gestellt haben.

Annette Wackershauser
Werner O. Feißt

Geschichte und Geschichten

„Z'Friburg in de Schtadt, sufer isch's un glatt." Zur Freiburger Altstadt mit ihren alten Bürgerhäusern gehören die „Bächle". Sie lieferten früher Wasch- und Löschwasser und sorgten so für die sprichwörtliche Sauberkeit.

Baden, das gibt es nicht mehr. Nicht mehr als politische Wirklichkeit. Es hat 140 Jahre, acht Monate und ein paar Tage existiert. Es wurde geboren unter Mithilfe Napoleons. Es ging unter, als französische Panzer über den Rhein kamen. Man muß sich diese Beteiligung der Franzosen an Baden merken. Natürlich, die badischen Landschaften und die Badener existieren noch. Sie haben auch die Verschmelzung mit Württemberg ohne Substanzverlust überlebt.

Musterländle, so nannte man dieses Baden. Karlsruhe war seine glänzende Hauptstadt. Heidelberg und Freiburg waren die Städte des Geistes. Johann Peter Hebel und Heinrich Hansjakob waren seine Dichter und Hans Thoma der große Maler. Es hatte seine Skandale, die Kaspar-Hauser-Affäre zum Beispiel: ungeklärt. Es hatte seinen Freiheitskampf, 1848, als die Preußen und Hessen kommen mußten, um den Hecker und seine Leute, die Ernst machen wollten mit der deutschen Republik, totzuschießen, einzukerkern oder wenigstens davonzujagen. Der badische Dichter Herwegh schrieb damals das badische Wiegenlied: „Schlaf mein Kind, schlaf leis', dort draußen geht der Preuß'." Es war der badische Großherzog, der 1871 im Spiegelsaal von Versailles den König von Preußen als deutschen Kaiser hochleben ließ. Tempi passati! Baden ist aufgegangen in Baden-Württemberg, und längst meint man dieses, wenn man vom „Musterländle" spricht. Baden als politische Wirklichkeit lebt nur noch im Herzen nostalgischer Träumer.

Von Baden als kulinarische Wirklichkeit soll hier die Rede sein. Aber wo sind die Wurzeln der Küche Badens? Da ist zunächst einmal Geschichte. Vor einigen Jahren kam ich zum ersten Mal nach Wien. Es war gegen Abend, als mich das Taxi vor dem Hotel absetzte. Als ich meinen Koffer ausgepackt hatte, war es Zeit zum Abendessen. Das Hotel lag am Ring. Der Weg in die Innenstadt war kurz. Ein paar Schritte vom Stephansdom entfernt ging ich in ein Restaurant, klein, altmodisch. Ich hörte später, der Zufall habe mich in eines der traditionsreichsten Häuser geführt. Man hat mir die Speisekarte gebracht, und ich war außerstande zu bestellen. Kennen Sie Buridans Esel? Er stand zwischen zwei gleich großen Heuhaufen, und weil er sich nicht entscheiden konnte, von welchem er fressen wollte, ist er

zwischen den beiden Heuhaufen verhungert. So ähnlich ging es mir. Nur war es eben nicht Heu, und es waren nicht zwei attraktive Speisen, sondern eine ganze lange Speisekarte voll mit Leibspeisen. Alles, was meine Mutter gekocht hatte an besonders feinen Dingen, hier wurde es angeboten. Bis hin zu so etwas ganz Subtilem wie Bratkartoffeln mit Blutwurst. Und da wurde mir plötzlich klar, Freiburg war bis 1804 vorderösterreichische Hauptstadt gewesen. Und über 150 Jahre lang hielt sich das Programm der Wiener Küche in Freiburg: Stärke der Tradition. Österreich ist sicherlich ein Element der badischen Küche. Ein Teil Badens gehörte zum Habsburger Kernland und unterlag dem gleichen Einfluß wie Freiburg. Aber Baden hatte auch eine lange, lebendige Grenze zu Frankreich. Und der französische Einfluß wirkt bis heute, so, wie der Schweizer Einfluß wirkt. Wie? Elsässer und Schweizer kommen herüber zum Essen, stellen dabei ihre Ansprüche, Badener gehen ins Elsaß und in die Schweiz zum Essen, bringen von dort Wochenend' für Wochenend' Anregungen und Rezepte mit. Aber vielleicht ist die Tradition noch viel älter. Vielleicht beginnt sie bei den Römern, die sich in Baden wohl gefühlt haben. In Baden-Baden, in

Freiburg, „die Perle des Breisgaus", zwischen Kaiserstuhl und Schwarzwald gelegen, gilt als die beliebteste Großstadt Deutschlands.

Baden-Baden, Kurort mit Weltruf. Im 19. Jahrhundert war es die Sommerhauptstadt Europas, in der sich die große Welt ein Stelldichein gab, allerdings nicht immer nur zum Kuren.
Im neo-klassizistischen Badepalast Friedrichsbad kann ein echtes römisch-irisches Bad genommen werden.

Badenweiler zum Beispiel, aber auch in den Villen, die in der Randzone des Schwarzwaldes, dort, wo man über die Ebene blikken kann, von den Archäologen ausgegraben wurden und werden. Und die Römer haben, nach allem, was wir wissen, anspruchsvoll gekocht und gegessen.
Nach den Römern kamen die Mönche, die Lebensart zu den wilden Alemannen im Schwarzen Wald brachten. Ja, und dann führte schließlich die große Straße von Amsterdam nach Rom durch das Rheintal, hatte ihre Stationen in Offenburg und Freiburg und natürlich in den Orten davor und dazwischen. Die Schwarzwälder fuhren mit ihrem Holz auf dem Rhein nach Holland und trugen auf ihrem Rücken zuerst Schwarzwälder Glas und dann Schwarzwälder Uhren in alle Länder Europas. Und natürlich brachten sie von dort Erfahrungen mit zurück. Auch kulinarische Erfahrungen.
Zu Beginn des 19. Jahrhunderts wurde das Reisen modern wie auch Baden als Reiseziel. „Man" reiste in den Schwarzwald. War nicht Baden-Baden bis zum unseligen Krieg von 1870 „La Capitale d'Été", die Sommerhauptstadt Europas? Um 1860 fuhr täglich ein Schnellzug von Paris nach Baden-Baden. Baden-Badens Zeitung wurde in Paris gedruckt. Die

Oper aus Paris spielte im Sommer in Baden-Baden, in dem traumhaften Theater, das die französischen Spielbankpächter gebaut haben. Auf der Lichtentaler Allee promenierten sie und am Abend dinierten sie, machten europäische Politik dabei: der russische Zar und die englische Königin Viktoria, Kaiser Napoleon III. von Frankreich und seine wunderschöne Kaiserin Eugenie, der König von Preußen und Bismarck und der Fürst von der Moldau, der in der Stourdzakapelle hoch über Baden-Baden begraben liegt, Tolstoj und Dostojewskij, Tschechow und Balzac, Victor Hugo und Berlioz und die ganze internationale Welt. Sie blieben nicht nur in Baden-Baden. Sie gingen nach Herrenalb, nach Wildbad und in Orte wie Sasbachwalden. Sie brachten mit sich ihre Köche, ihren Anspruch an das Leben, an das Essen und Trinken. In Zeiten, als es noch keine Tiefkühlketten gab, war man auf die heimischen Zutaten angewiesen, und die hohen Ansprüche verlangen nach anspruchsvollen Produkten.
Genauso wie die anderen Formen des Lebens, Kleidung, Moden und Wohnen, sich von den Städten ins flache Land verbreiten, so strahlte auch die Küche aus.
Ich habe es in meiner eigenen Familie gesehen. Meine Mutter, eine Bergbauerntochter aus dem Schwarzwald, lernte in einem Freiburger Restaurant das Kochen „gut bürgerlich". Bei jedem Fest in der Großfamilie hat sie kochen müssen. Alle ihre Nichten kamen, bevor sie heirateten, für zwei, drei Wochen zur „Tante Oliv", zu meiner Mutter eben, um Kochen zu lernen. Wenn ich essen will, wie meine Mutter gekocht hat, muß ich nur zu einer meiner Cousinen gehen.
Schließlich muß man auch noch das sagen: Badener sind genaue Menschen. Was sie machen, machen sie richtig. So wie die badischen „Tüftler" in den winterlichen Schwarzwaldstuben begonnen haben, Uhren zu bauen. Wenn also Badener kochen, dann wird's was.
Ich schreib so leichtsinnig Badener. Dabei gibt es Badener und Badener. Den großen Trennungsstrich bildet die Murg. Nördlich davon: Franken, südlich: Alemannen. Die Murg ist die uralte Grenze zwischen den beiden Stämmen. Im Mittelalter trennte sie das Herzogtum Franken von dem Herzogtum Schwaben. Die Stauferkaiser haben vor achthundert Jahren die beiden Herzog-

Auch das ist Baden-Baden: ein kulinarischer Höhepunkt, wo das Angebot an Obst und Gemüse allerhöchsten Ansprüchen genügen muß.

Wer die Alte Brücke vom rechten Neckarufer aus überquert, betritt die Altstadt Heidelbergs durch das mächtige Brückentor mit den beiden barocken Türmen. Dahinter erhebt sich der Turm der Heiliggeistkirche.

tümer vereinigt. Aber gleichwohl, die Grenze ist bis heute zu spüren. Geschichte ist nicht allein eine Sache der Bücher und der Historiker. Geschichte ist lebendige Wirklichkeit. Dabei verläuft diese Grenze fließend. In der Rheinebene reicht Fränkisches weit südlicher als im Wald, wo das Alemannentum seine Beharrungskraft beweist.

Einem rechten Badener ist allerdings der badisch-fränkische Unterschied zwischen Nord und Süd eher gleichgültig. Wichtiger ist ihm der West-Ost-Unterschied. Er hat nämlich ein Vorurteil gegen seine schwäbischen Vettern, die ihm doch viel näher stehen müßten als die Franken, die einmal das große alemannische Reich, das bis an den Niederrhein ging, zerstört haben.

Ein Badener mit dem rechten Selbstbewußtsein ärgert sich, wenn ihn jemand als „Badenser" bezeichnet (schließlich sagt auch niemand Frankfurtser und Heilbronnser), aber mehr noch, wenn ihn Elsässer und Schweizer als „Schwob" bezeichnen.

Woher kommt dieses Vorurteil? Es gibt viele Geschichten, die den Unterschied von Badenern und Schwaben beleuchten. Hier eine kulinarische: Der Schwabe sagt zum Badener „Wenn i moi Kraut in Doinem Topf koche derf, derfsch Du Doi Schpeck in meinem Kraut siede". Merken Sie die berechnende Sparsamkeit? Wahrscheinlich ist die badische Abneigung das Vorurteil des vor lauter Redlichkeit schon ein bißchen Dummen, der daher vom berechnenden Verstand des Schwaben leicht übers Ohr gehauen wird. Es ist, seien wir ehrlich, die Angst vor dem Cleveren. Denn wenn die Franken ein eher fröhliches Volk sind, sind die Schwaben das fleißigste, genügsamste und sparsamste Volk der Welt. Die Alemannen sind eher in sich gekehrt, ein wenig verschroben. Aber sie stehen auf dem eher katholischen Standpunkt, gut essen hält Leib und Seele zusammen.

Ein Unterschied zwischen Alemannen und Schwaben muß noch genannt werden. Er ist zugleich typisch für die Badener Küche. Im Schwabenland werden Spätzle aus Mehl, Ei und Wasser hergestellt. Badische Spätzle werden nur aus Mehl und Ei gemacht. Schwaben würden nun sagen: „Da sieht man die badische Verschwendungssucht." Ich würde sagen, da sieht man badische Kochqualität. So, und nun kommen Sie mit in die Landschaften des alten Baden.

Der Anblick der Heidelberger Altstadt und der gigantischen Schloßruine läßt Touristenherzen höher schlagen.
Wer Heidelberg kennenlernen möchte, muß auch im „Seppl“ einkehren, einer der ältesten Studentenkneipen. Steigende Mieten und Wohnraumnot haben die Studenten heute allerdings in die Vororte verdrängt.

Der Schwarzwald: Speck und Schnaps

In manchen rein bäuerlichen Gegenden des Schwarzwaldes ist das Brauchtum vergangener Zeiten auch heute lebendig. Trachten werden an Sonn- und Festtagen mit Stolz getragen.

Das alte Baden hatte die Gestalt eines Stiefels: Die Schuhspitze in der Gegend von Friedrichshafen, den Absatz im Rheinknie bei Basel, den Spann bei Donaueschingen, den langen Schaft zwischen Schwarzwald und Rhein, und droben bei Lauda und Tauberbischofsheim konnte man sich leicht den Stiefelrand vorstellen. Der Stiefel hatte so etwas wie ein Rückgrat, einen Schuhspanner: den Schwarzwald. Also lassen Sie uns unsere erste Reise in den Schwarzwald machen.

Die Küche der Schwarzwälder ist die Küche armer Leute, im ganzen Schwarzwald. Natürliche Zutaten und eine erfindungsreiche Verarbeitung bestimmen ihre Qualität. Treten wir in eine Küche ein. „Was gibt es heute?“ Die Bäuerin hantiert in ihrer modernen Küche mit Elektroherd und Kühlschrank, die in so seltsamem Kontrast stehen zu dem uralten Holzhaus. „Bohne un Schpeck“, sagt sie und hebt von einem großen Topf den Deckel. Was ich sehe, sind halbe Birnenschnitze. Aber ich weiß ja, was drunter ist. Eine große Schicht grüner Bohnen, die mit Butterfett und Zwiebeln angedünstet worden sind, darüber eine fast ebenso dicke Schicht Kartoffelschnitze, darüber drei oder vier gehörige Portionsstreifen geräucherter Speck und zum Schluß die Birnenschnitze. Und das alles wird miteinander gedämpft, mit frischem Bohnenkraut natürlich. Die Bäuerin deckt den blankgescheuerten Küchentisch. Das Besteck liegt in der Tischschublade, die Teller stehen im Küchenschrank. Das ist auch heute noch nicht selbstverständlich. In kleineren Bauernhäusern, wo die Küche sehr eng ist – das war früher die Regel –, ißt man in der Stube. Eine Schwarzwälder Bauernstube ist ziemlich einheitlich eingerichtet. Der Herrgottswinkel mit einer Bank und einem Tisch in einer Außenecke des Raumes, in der anderen steht ein Buffet mit Gläsern und Geschirr und den Gebetbüchern. Eine innere Ecke füllt der Kachelofen oder die Kunst, auf der man sitzen und sich wärmen kann, wo auch im Winter die Körperwäsche getrocknet wird. In der vierten Ecke schließlich steht die Standuhr. Diese Einrichtungsform hält sich, soweit ich sehe, im ganzen Voralpenraum, in der Nordschweiz, im Allgäu, im Vorarlberg.

Fünf Mahlzeiten waren früher im Schwarzwald üblich. Morgens, etwa um sieben, wenn die Kühe gemolken und gefüttert waren

und der Stall gemistet, gab es „Z'Morge": eine Suppe, meistens eine Mehl- oder Brotsuppe. Um neun Uhr das „Z'Nüne", das aus Käse und Brot oder Speck und Brot bestand. Um zwölf Uhr „Z'Mittag". Um vier Uhr mittags „Z'Viere", wieder Brot und Käse oder Brot und Speck, und „Z'Nacht" etwa um sieben Uhr, was meist wieder eine Suppe war. Man muß sich das bäuerliche Essen sehr einfach vorstellen. Im wesentlichen wurde nur das gegessen, was der Hof selber erzeugte. Nur in ganz seltenen Fällen wurde etwas dazugekauft. Milch, Rahm, Butter, Käse lieferte der eigene Stall. Fleisch und Speck kam von den eigenen Schweinen, von denen auf Weihnachten und auf Ostern eines geschlachtet wurde. Dann hat man auch Würste gemacht: Blutwurst, Leberwurst für den raschen Verzehr und Bratwürste als Dauerwürste. Schwarzwälder Bauernbratwürste haben mit üblichen Bratwürsten nichts zu tun. Ich nehme an, daß sie Bratwürste heißen, weil sie aus Brät, sprich Fleischteig, gemacht werden, im Gegensatz zu Blut- und Leberwürsten. Sie kommen mit dem Speck in die Räucherkammer. Man kann sie heutzutage nur noch so selten bekommen wie guten Speck. Versuchen Sie es einmal auf dem

Zum richtigen Schwarzwaldhaus gehört die „Kunscht", ein Kachelofen mit einer beheizten Sitzbank. Früher stellte sie die einzige Wärmequelle dar, um die sich die ganze Familie versammelte.

Nächste Doppelseite: Der Titisee im Herzen des Hochschwarzwaldes.

Alles unter einem Dach: Wie eine Glucke beschützt das Schwarzwaldhaus Mensch und Tier, Vorräte und Futter. Dächer und Fassaden wurden aus dem Material gemacht, das die unmittelbare Umgebung zur Verfügung stellte: aus Holzbalken und -schindeln.

Freiburger Wochenmarkt, und zwar auf der Südseite des Münsters, wo gelegentlich ein Bauernmetzger Bratwürste hat. Sie werden kalt zu Brot gegessen.
Rindfleisch gab es im Schwarzwald nur an der „Chilbi", an Kirchweih, oder wenn eine Kuh verunglückte. Dasselbe galt für Kalbfleisch.
Die eigenen Hühner lieferten die Eier, und gelegentlich wanderte ein Huhn auch in den Suppentopf, wenn jemand krank war oder die Frau im Wochenbett lag. Früher kam in der Regel alle zwei Jahre ein Kind auf die Welt.
Das Brot wurde im eigenen Backofen aus Mehl vom eigenen Acker gebacken. Gemüse und Kartoffeln kamen aus dem eigenen Garten, das Obst von den eigenen Bäumen. Aus dem Obst wurde auch der Most für den Alltag gepreßt und der notwendige Schnaps gebrannt.
Zwetschgen, Birnen und Äpfel ließen sich herrlich trocknen, und das Kompott aus ihnen wurde mit den „Pfludden" genannten Grießschnitten gegessen. Über Nacht eingeweicht, waren die Trockenfrüchte auch der Grundbestandteil zum weihnachtlichen „Bierewecken". Dazu wurde ein Brotteig aus halb Roggen-, halb Weizenmehl gemacht, mit den Früchten, Nüssen und viel Kirschwasser verknetet und zur gleichen Zeit wie das Brot gebacken.
Auch das Sauerkraut kam aus dem eigenen Keller, aus der „Stande", aus dem großen Tontopf, in den das feingeschnittene Kraut im Herbst hineingestampft wurde.
Das Einmachen von Sauerkraut ist eine schwere Arbeit. Das mit einer Mischung aus Salz und Zukker bestreute Kraut muß lagenweise so lange mit den Fäusten gedrückt werden, bis es ganz von der entstehenden Flüssigkeit bedeckt ist. Nach wenigen Wochen wird man mit einem hervorragenden Sauerkraut belohnt, das in der alten bäuerlichen Küche eine große Rolle spielte.
So wie das Sauerkraut wurden auch grüne Bohnen eingemacht und weiße Futterrüben, die mit grünem Speck gekocht für den Kenner eine besondere Delikatesse darstellen. Ebenso wie die sogenannten süßen Rüben: Man dämpft in Stücke geschnittene weiße Futterrüben in karamelisiertem Zucker und legt ein großes Stück grünen Speck dazu.
Die einfachste Suppe bestand aus altem Brot, das zusammen mit Kartoffeln in Salzwasser gekocht wurde. Wenn die Kartoffeln zer-

Ein Schindelmacher bei der Arbeit.

fallen waren, wurde die Suppe aufgetischt und in jeden Teller ein oder zwei Eßlöffel Sauerrahm gegeben. Am Abend konnte es auch anstatt einer Suppe die sogenannte „Schnitzbrühe" geben.
In einer kleinen Kaffee-„Kachel" wurde Malzkaffee mit Milch gemischt, mit viel Zucker gesüßt und mit so viel Brot aufgefüllt, daß „der Löffel drin stand".
Fleisch gab es nur an zwei Tagen in der Woche. Einfache Hauptmahlzeiten waren „Pfludden": Grießschnitten oder Grießklöße mit Dörrobst oder Salat, „Schupfnudeln", „Buebeschpitzle", „Kartoffeln mit Bibeliskäs'", „Dummis" und „Kratzete". Eine wichtige Rolle spielte die Resteverwertung nach dem Prinzip, daß nichts verderben durfte.
Was der Bauer unbedingt kaufen mußte, war ein Fäßlein „guede Wi". Guter Wein für besondere Anlässe, bei denen es übrigens Schäufele zu essen gab und Sauerkraut oder Kartoffelsalat.
Das traditionelle Schwarzwälder Vesper bestand und besteht aus einem Schnaps, einem Stück Brot und einem Stück Speck. Wenn ein Schwarzwälder Bauer auf den Markt in die Stadt ging, nahm er sein eigenes Brot und ein Stück seines Specks in einem großen roten Taschentuch mit sich. Im Wirtshaus hat er sich ein Glas Wein bestellt. Einen Silvaner oder einen Gutedel. Dann zog er sein Sackmesser heraus und schnitt den mitgebrachten Speck in hauchdünne Scheiben, von denen er immer ein ganzes Dutzend auf einmal mit Brot in den Mund schob. Schwarzwälder Speck schmeckt am besten hauchdünn geschnitten.
Ach ja, eines muß ich noch sagen. Vor den Hauptmahlzeiten wurde gebetet. Da das Essen wenigstens um zwölf mit dem Betzeitläuten zusammenfiel, wurde der Englische Gruß gebetet, dem man ein „Vater unser" anhängte „zum Trost für die armen Seelen".
Brot wurde jede Woche gebacken, und meistens machte die Bäuerin aus Brotteig noch einen Waihen. Das konnte ein Speckwaihen sein, ein Rahmwaihen, ein Apfelwaihen, Zwetschgenwaihen, Zwiebelwaihen, das heißt, sie belegte dünn ausgewallten Teig mit den genannten Zutaten.
Das Leben im Schwarzwald war hart. Nur dort, wo es große Höfe gibt wie im Kinzigtal oder auf der Hochebene um Breitnau und St. Märgen, brachte die Landwirtschaft so viel ein, daß die Bauern davon leben konnten. Überall

sonst war der Hof früher schon Nebenerwerb. Das Geld brachte die Arbeit im Wald, im Bergwerk, in der Glashütte, die Heimarbeit mit Uhrenherstellung, Schindelmachen und „Schnäfeln“. Kulinarisch liefert der Schwarzwald Schinken, Schäufele, Speck. All dies ist dort von höchster Qualität, wo das Schwein noch im Freien suhlen darf und wo es mit gekochten Kartoffeln und Milch gefüttert wird. Meine Tante Rosa hat jeden Abend einen Eimer voll Kartoffeln gekocht. Dann hat sie die Milch in der Zentrifuge entrahmt, um Butter für den eigenen Bedarf zu machen. Die entrahmte Milch wurde mit den Kartoffeln gemischt und den Schweinen als Futter gegeben. Mais bekamen sie, wenn ich mich recht erinnere, noch dazu.

Die Speckseiten, die Schinken und die Schäufele, und natürlich auch die Bratwürste, wurden zunächst einmal mit Salz, Pökelsalz, Zucker und Gewürzen wie Koriander und Knoblauch eingelegt, wobei die genaue Zusammensetzung das Geheimnis des Bauern bleibt, über das er nicht spricht. Sie ziehen Saft, eine Lake entsteht, in der sie vier bis sechs Wochen bleiben müssen. Dann werden sie sorgfältig abgewaschen und müssen zwei Wochen lang kühl und luftig abhängen.

Früher besserten die Schwarzwälder Bauern ihre kargen Einkünfte aus der Landwirtschaft mit anderen Arbeiten auf. Sie gingen ins Bergwerk, in die Glashütte, zur Waldarbeit. In Heimarbeit tüftelten sie an Uhren. Neben den weltweit bekanntgewordenen Kuckucksuhren, einer Mini-Nachbildung des Schwarzwaldhauses, gibt es immer noch die traditionellen Bauernuhren, deren Zifferblätter kunstvoll bemalt werden.

Ein Zeichen der freien Bauern des Schwarzwaldes war das Halten von Pferden. Auch heute noch demonstriert der Bauer bei der Fronleichnamsprozession Unabhängigkeit und Wohlstand.

Dann kommt das Räuchern. Früher geschah das in der Küche. Das Räuchergut hing unter der Decke, dort, wo der Rauch vom offenen Feuer abzog. Mein Onkel Karl hatte eine Räucherkammer in einem kleinen Schopf, wo Schinken, Schäufele und Speckseiten hingen, unter denen er täglich Tannenreis verbrannte. Nach noch einmal zwei bis drei Wochen kann man das Geräucherte auf den luftigen Speicher hängen. Der Speck, die Schäufele und die Schinken von meinem Onkel Karl sind für mich bis heute Qualitätsmaßstäbe. Das weiße Fett war fest, es konnte mit einem Schnitt abgetrennt werden, ja, man konnte das weiße Fett brechen wie eine Nuß, und so hat es auch geschmeckt.
Wo bitte bekomme ich heute noch solchen Speck?
Der Schwarzwald lieferte früher auch Käse. Weichen Frischkäse, Rahmkäse. Heute sind die Bauern im Schwarzwald übrigens verpflichtet, ihre Milch der Milchsammelstelle abzugeben, Käse wird in der Molkerei gemacht. Nur die Bauern von Hofsgrund haben heute noch das Recht, aus ihrer Milch Käsle zu machen und auf dem Freiburger Markt zu verkaufen. Diese Sondererlaubnis hängt mit den schwierigen winterlichen Straßenverhältnissen am Schauinsland zusammen. Hofsgrunder Käsle sind aber auch etwas Besonderes.
Und dann gibt es im Schwarzwald Honig, dunklen Tannenhonig.
Und last not least die verschiedenen Wässer und Geister. Weltberühmt ist das Schwarzwälder Kirschwasser, das meistens gar nicht aus dem Schwarzwald kommt, sondern aus den Brennereien des Markgräflerlandes. Schließlich wächst die Süßkirsche dort in entsprechenden Mengen. Aber das eigentliche Schwarzwälder Kirschwasser wird auch nicht aus den dicken Süßkirschen gemacht, die natürlich eine Menge Maische und entsprechend viel Schnaps geben, sondern aus den kleinen Wildkirschen, die wenig größer sind als Johannisbeeren und die der Römer Lukull nicht aus Persien gebracht hat. Diese Kirschen wachsen im Schwarzwald. Die Bäume stehen im Frühling weiß wie Bräute zwischen den dunklen Tannen. Im Sommer tragen sie dann ihre winzigen roten und schwarzen Früchte, die wunderbar süß schmecken. Sie abzuernten ist aber schwere und gefährliche Arbeit. Wenn man fleißig ist, bringt man an einem Tag

einen Zentner Kirschen zusammen. Aber da muß man sich schon sehr anstrengen. Für einen Liter Schnaps braucht man zehn Kilogramm Wildkirschen. Sie kommen ins Faß, gären vierzehn Tage, dann wird destilliert. Bei einem Teil der Kirschen hat man vor dem Einmaischen die Steine zerstoßen. Das verstärkt den intensiven Geschmack des Kirschwassers. Man muß allerdings achtgeben, daß nicht zu viel von der in dem Kern enthaltenen Blausäure in den Schnaps kommt. Sonst gibt es Kopfweh, denn Blausäure ist Gift. Das erste Destillat, die ersten eineinhalb Liter, ist der sogenannte Vorlauf, den der Bauer zum Einreiben verwendet. Er enthält zu viel Fuselöl, was dem Kopf nicht bekommt. Dann kommt der hochwertige Kirschschnaps. Zwei Jahre muß er ruhen, bestimmt.

Es gibt noch solchen Kirsch, aber meistens wird er von den Bauern, die ihn brennen, selbst getrunken. Und wenn dieses echte Kirschwasser in den Handel kommt, dann kostet die Flasche einen dreistelligen Betrag, was ja auch nicht zu verwundern ist.

Noch eine Schnapsspezialität wird im Schwarzwald gebrannt: „Ziebärtle“. Sein Grundstoff sind wilde Pflaumen, die an den sonnigen

Sanft eingebettet in die grünen Matten des Oberen Münstertales zu Füßen des 1414 Meter hohen Belchen liegt die Klosteranlage St. Trudpert. Die Klosterkirche, die heute Pfarrkirche ist, wurde von dem berühmten Baumeister Peter Thumb im 18. Jahrhundert im Barockstil erneuert. Aber das Kloster ist uralt, seine Mönche brachten einst Kultur in den Schwarzwald.

Das ehemalige Benediktinerkloster St. Blasien im engen Albtal hat die drittgrößte Kirchenkuppel Europas. Wenn der Herbst kommt mit seinen kalten Tagen, kann man von hier die Alpen sehen.

Südhängen des Schwarzwaldes wachsen. Ein Schnaps für Kenner. „Ja, und der Himbeergeist", werden Sie fragen. „Wo bleibt der Himbeergeist?" Da muß man zuerst vom Unterschied sprechen zwischen Geist und Wasser. Bei einem Wasser handelt es sich um den Alkohol, der bei der Vergärung der jeweiligen Früchte entsteht. Ein Geist ist mehr eine Aromafrage. Da werden Früchte wie zum Beispiel Himbeeren in einen Alkohol, der von Hause aus kein Aroma hat und zum Beispiel aus Korn oder Kartoffeln gebrannt wurde, eingelegt, und wenn sie ihr Aroma an diesen Schnaps abgegeben haben, wird er destilliert. Was dabei entsteht, ist in unserem Falle Himbeergeist. So viel von Geistern und Wässern. Jetzt muß ich aber hinzufügen, daß es im Schwarzwald außer Himbeeren noch andere wunderbare Beeren gibt: Heidelbeeren, Preiselbeeren und Brombeeren. Und Pilze. Die einen mehr, die anderen zunehmend weniger. Und nicht zu vergessen: Wild. Hirsche, Rehe, Hasen, im Feldberggebiet kommen Gemsen dazu, Wildschweine hat es auch. Und in glasklaren Schwarzwaldbächen: Wildforellen, die mit den roten Punkten.

Die Markgrafschaft: Gutedel und Kirschen

Du kommst von Freiburg, fährst durch das sanfte Auf und Ab des Hexentals, das sozusagen ein Übergang ist von den Höhen des Schwarzwaldes, Feldberg und Schauinsland, zum Vorberg, dem Schönberg, der die Silhouette von Freiburg so entscheidend mitprägt. Kurz hinter Wittnau kommst du durch einen Wald, hinter dem es links zum Kleinod des Breisgaus geht: St. Ulrich, das einer der großen Barockkirchenbauer der Voralpen in dieses entlegene Schwarzwaldtal gebaut hat, Peter Thumb. Der Blick wird weit, rechts liegt der Ölberg, Ausläufer des Schönbergs, wie sein berühmter Bruder Batzenberg, links die Wälder, die sich zum Kohlerhof hinaufziehen, wo man noch Speck essen kann, wie ihn der Großvater gemacht hat, und einen weißen Käse.

Dazwischen aber die Ebene, die sich im blauen Dunst verliert und die im Schloßberg von Staufen ihr markantes Kennzeichen hat: das Markgräflerland, die Ebene mit den Vorbergen des Schwarzwaldes, die sich nach Süden hinzieht, bis sie bei Basel ins Wiesental übergeht, im Westen durch den Rhein begrenzt.

Mich hat immer verwundert, warum ausgerechnet dieses Land Markgräflerland heißt. Aber man muß sich an die Vielfalt der Länder und Ländchen erinnern, die es vor dem 30jährigen Krieg gab und wohl auch danach, bis sie 1804 dann schließlich Bestandteil des neuen Großherzogtums Baden wurden.

Ursprünglich waren die badischen Zähringer Markgrafen von Verona. Und diesen Titel brachten sie mit, als sie sich in ihre badischen Kernlande und auf ihr Stammschloß bei Freiburg im Breisgau zurückzogen. Ihr badisches Gebiet bestand aus drei voneinander räumlich getrennten Hauptteilen, der sogenannten „Unteren Markgrafschaft" im Kraichgau, der „Markgrafschaft Hachberg" in der Ortenau und den „Herrschaften Rötteln, Sausenberg und Badenweiler" im Süden, dem Markgräflerland. Sie saßen überall dort, wo Baden am fruchtbarsten ist.

Anfang des 16. Jahrhunderts waren alle Teile noch einmal in einer Hand. Dann aber kam eine zwei Jahrhunderte dauernde Teilung in die Linien Baden-Baden und Baden-Durlach. Zu Baden-Baden gehörte das Land bis nach Karlsruhe, zu Durlach Teile des Kraichgaus, das Land um Emmendingen und eben die Markgraf-

Kirschblüte im Markgräflerland bei Obereggenen. Sie zaubert über Nacht aus kahlen Bäumen riesige weiße Sträuße auf die Wiesen.
Die Kirschen vom Markgräflerland, vom Kaiserstuhl und von der Ortenau sind das Ausgangsmaterial für Schwarzwälder Kirschwasser. Das ganz echte wird allerdings aus wilden Kirschen gewonnen.

Weinlese bei Lörrach im Markgräflerland. Man sagt, wo die Gutedeltraube wächst, ist Markgrafschaft. Sonnenhungrig und wärmebedürftig ist das Gewächs, aus dem sich ein leichter, spritziger Wein mit einem zarten Bukett keltern läßt.

schaft einschließlich dem unteren Wiesental. Die Baden-Badener waren katholisch geblieben, die Durlacher evangelisch geworden. Erst 1771 wurden beide Teile wieder vereint unter dem Markgrafen Karl Friedrich. Und dieser Karl Friedrich wurde dann 1804 zum Großherzog des neuen Landes Baden. Als Napoleons Soldaten über den Rhein kamen, fiel in Deutschland bekanntlich das ganze morsche politische System wie ein Kartenhaus zusammen. Da gibt es nun einen Frieden von Lunéville, den Reichsdeputationshauptschluß, den ich in der Schule schon nicht verstanden habe, den Frieden von Preßburg, den Rheinbund, und schon war aus einem Flickenteppich Baden entstanden. Ein Gebilde, dem seine späteren Gegner eine unnatürliche Zusammensetzung nachsagen. Vom Großherzog Karl Friedrich aber heißt es, er sei einer „der edelsten und aufgeklärtesten deutschen Fürsten, Kenner und Freund der Wissenschaften, ein wahrer Vater seines Volkes gewesen". Eins war er ganz gewiß: der Erfinder des Gutedel. Als er an die Regierung kam, war er zehn Jahre alt. Wie man es damals gehandhabt hat, wurde der Bub nach dem frühen Tod des Vaters zu seinem Nachfolger gemacht. Denn besser ein zehnjähriger Markgraf als gar keiner. Während die Großmutter als Vormund in Durlach regierte, wurde dieser fünfzehnjährig mit seinem jüngeren Bruder zu Bildungszwecken auf eine große Auslandsreise geschickt. Sie begann mit einem längeren Studienaufenthalt an der protestantischen Akademie zu Lausanne. Schließlich hatte ihn die Großmutter als eifrige Verfechterin des evangelischen Glaubens mit aller Strenge religiös erzogen. In Lausanne hat Karl Friedrich offenbar einen Wein kennengelernt, der ihm gut gefiel, den Fendant, der auch Dorin heißt und aus der Chasselastraube gemacht wird. Diese Traube führte er später in seiner Markgrafschaft ein. Er gab dem Wein den deutschen Namen „Gutedel". Man möchte gerne behaupten, es sei ein „evangelischer" Wein, genauso wie ich gerne sagen möchte, es ist der typischste Wein unserer Region: klar, rein, herb, spritzig, mit verhältnismäßig wenig Alkohol. Ein Wein, um ihn mit Freunden zu trinken, in fröhlicher Gesellschaft, ohne daß man davon betrunken wird. Auch ein Wein, den man still mit sich selbst trinken kann. Es ist der Wein, der zu einem Schwarzwälder Vesper, zu Speck und weißem Käse am besten schmeckt. Aber auch zu einer Forelle, zu einem Kalbfleisch, kurz, überall dort, wo man nicht möchte, daß der Eigencharakter eines Weines den Genuß der Speise stört. Ja, selbst gegen den Durst kann man den Gutedel trinken. Mit einem Sprudelwasser vielleicht, als Schorle.

Karl Friedrich ließ auch aus dem Rheingau Rieslingreben kommen, die in der Ortenau bis heute als „Klingelberger" ein hohes Ansehen genießen. Der Gutedel aber wächst im Markgräflerland, am Batzenberg zum Beispiel, der aber strenggenommen gar nicht zum Markgräflerland gehört. Kurz, überall zwischen Wald und Ebene, wo im Markgräflerland Wein angebaut wird, es sei denn, er muß den Boden einem Traminer oder einem Gewürztraminer, dem edelsten, was das Markgräflerland liefert, überlassen.

Das Markgräflerland hält einen merkwürdigen Rekord. Der Hartinger Großmarkt ist die größte Brennkirschenerfassungsstelle der Welt. Nicht nur die Obstbrennereien des Markgräflerlandes, von denen die größte und bekannteste in Staufen ist, profitieren von den Süßkirschen der Markgrafschaft, darüber hinaus werden

Noch eine badische Spezialität, schön anzusehen und außerdem sehr gut: Birnenschnaps mit einer in der Flasche gewachsenen Frucht.

diese Süßkirschen zum Schnapsbrennen auch nach Frankreich und in die Schweiz verkauft.
Als 1954 der alte Adenauer nach Moskau gefahren ist, um die deutschen Kriegsgefangenen aus Sibirien heimzuholen, da nahm er in seinem Gepäck, so erzählt man, eine Flasche vom Kirschwasser aus Staufen mit als Geschenk für Chruschtschow. Der ließ sich ein Glas bringen und versuchte dieses „Wässerchen“ aus dem Schwarzwald. Vermutlich hat er es in ein Wasserglas gefüllt und nach Wodka-Art, Wodka heißt ja Wässerchen, gekippt. Das kann man mit Schwarzwälder Kirschwasser nicht machen. Als er wieder bei Atem war, soll er voller Hochachtung für die Germanski gewesen sein, die so ein feines Wässerchen mit so viel Kraft zu destillieren vermögen.
Essen können Sie im Markgräflerland überall. Die Herrlichkeiten des Schwarzwalds, Forellen, Mistkratzerle, Kalbfleisch von Kälbern, die nicht mit Dunkelheit und Maulkörben gequält wurden, feines Gemüse, Spargeln natürlich, wenn Zeit dafür ist, Fische aus dem Rhein und Fasanen, die man im Markgräflerland über die Felder spazierengehen sehen kann.

Fast jeder alte Bauernhof hat das Recht, Schnaps zu brennen. Natürlich streng überwacht von der Steuerbehörde. In Baden entstehen so Schnäpse aus Kirschen, Zwetschgen, Pflaumen, wilden Pflaumen, den Ziebärtle, Äpfel, Birnen, Mirabellen, aber auch aus Trester, Weinhefe und Topinamburwurzeln.

Der Breisgau

Die Silhouette Freiburgs wird von alten Türmen beherrscht. Der einmalige Turmhelm des Münsters („der schönste Kirchturm der Christenheit") ragt 116 Meter über die Breisgaumetropole. Auch das Martinstor erinnert an Glanz und Reichtum der Stadt.

Für einen Freiburger ist natürlich der Breisgau der Mittelpunkt Badens, ja der Mittelpunkt der Welt. Und ist es nicht wirklich so, ist nicht der Breisgau so etwas wie das Musterbuch des lieben Gottes? Gibt es nicht im Breisgau von allem etwas, von der Wüste vielleicht abgesehen? Die Felsen über dem Feldsee und im Höllental, der Beinahe-Gletscher im Zastler Loch, die Gipfel von Feldberg, Belchen und Kandel, weite und tiefe Wälder, stille Seen, glasklare Bäche, die weite Höhenlandschaft von St. Märgen und St. Peter, die Rebberge am Schönberg, am Tuniberg, am Kaiserstuhl. Überhaupt der Kaiserstuhl, wo in den steilen Hängen im Sommer 60 Grad Hitze gemessen werden, wo es 36 Arten Orchideen gibt, wo ungarisches Steppengras wächst, Pinien, die vom Mittelmeer träumen, wo Smaragdeidechsen und Gottesanbeterinnen leben und wo es überhaupt am allerschönsten ist. Sie müssen einmal Ende Februar, Anfang März mit mir durch den inneren Kaiserstuhl gehen, wenn die Pulsatilla blüht, die so unpoetisch auf deutsch „Küchenschelle" heißt. Mit ihren blauen Glocken, die ein leuchtend orangefarbenes Herz haben und außen einen silbernen Flaum. Oder Sie müssen eineinhalb Monate später mit mir dahin gehen, wenn die Kirschbäume blühen. Wie riesige schneeweiße Blumensträuße. Oder noch mal einen Monat später, dann finden wir Affenorchis und Helmorchis und Brandorchis, und am kleinen warmen Bad, das beim Erdbeben 1910 seine warme Quelle verloren hat, indes das heiße Wasser in Bad Krozingen zu sprudeln begann, dort, wo die Sonne wärmer scheint als anderswo, rascheln jetzt die Smaragdeidechsen durch die trockenen Blätter vom vergangenen Jahr. Und im Hohlweg, der auf den Badberg hinaufführt, singen die Nachtigallen, wenn es Abend wird über dem Kaiserstuhl und man mit seinem Schatz vielleicht noch einen Spaziergang macht, bevor man in den Schwarzen Adler zum Abendessen geht. Ja, und dann sind die Kirschen reif, und vorher gibt es Spargel vom Tuniberg und Erdbeeren, und dann kann man im Auwald spazierengehen bei Burkheim, wo Sebastian Brand Stadtschreiber war.

Wir sitzen in einer Bauernwirtschaft im Zastler Tal, und draußen liegt noch Schnee, und es ist grau und kalt. Wir trinken einen Kirsch gegen die Kälte, es gibt eine Nudelsuppe und Sauerkraut,

Schäufele und Kartoffelbrei. Wir trinken einen Kaiserstühler Silvaner dazu. Es ist dasselbe Essen, das die Wirtsleute auch essen, am Nebentisch. An diesem grauen Tag hat die Wirtin nur ein einziges Gericht auf der Speisekarte, aber es ist solide, redlich, will nicht sein, was es nicht sein kann. Es schmeckt nicht nach industriell hergestellter Fertigwürze, nur die Nudelsuppe ein ganz klein wenig, aber das kommt vom Liebstöckel und muß so sein.

Oder wir sitzen auf dem Kohlerhof, und es ist Mai. Wir sind von Freiburg herübergewandert oder von Bollschweil herauf, und auf der hölzernen Terrasse gibt es Bauernbrot und Speck und weißen Käse, den ich so mag. Und natürlich einen Gutedel dazu. Und der Speck ist so, wie er sein muß. Kein gummiartiges Etwas. Mit dem scharfen Messer läßt er sich in hauchdünne Scheiben schneiden, und das Weiße läßt sich brechen. Der weiße Käse ist nicht zu frisch. Er hat rundherum bereits eine etwas feste Schicht. Wenn er noch eine Woche steht, wird er zu zerlaufen beginnen, wird zum „faulen Käs“, den meine Mutter so geliebt hat.

Und dann sitzen wir in einem Gasthaus am Tuniberg und essen Spargel. Kratzete gibt es dazu, Holländer Soße, geschmolzene

Die Stadt Breisach, auf einem Ausläufer des Kaiserstuhls am Rhein gelegen, hat dem Breisgau seinen Namen gegeben. Vom St.-Stephans-Münster, einer spätromanischen Basilika, eröffnet sich ein weiter Blick in die Rheinebene, auf den Kaiserstuhl, den Schwarzwald und die Vogesen.

Nächste Doppelseite: Ein kleiner Teil des Bauernmarktes auf dem Freiburger Münsterplatz.

Schon beim Rebenschnitt im Frühjahr werden die Weichen für die Güte eines Weines gestellt. Wer mehr auf Qualität als auf Quantität schaut, läßt nur wenige Ruten stehen. So konzentriert sich die Kraft der Rebe auf weniger und deshalb gehaltvollere Trauben.

Butter, rohen und gekochten Schinken. Eine Grünkernsuppe haben wir davor gegessen. Weinschaum wird es danach geben.
Im September essen wir im Simonswäldertal frisches Sauerkraut, und im Oktober gibt es im Glottertal irgendwo Rotkraut und Kastanien und einen Schweinebraten und danach ein Stück Zwetschgenkuchen mit einem Kaffee, im November sind wir zur „Metzgede" am Kaiserstuhl, es gibt frisch gemachte Blutwürste. Wenn man sie aufschneidet, glänzt die dunkelrote Schnittfläche und ist fest. Wir essen Bauchspeck und Braten und die Wurstsuppe davor. Ach ja, in Freiburg waren wir ja noch nicht miteinander, aber da finden wir all diese Herrlichkeiten, da fällt die Qual der Wahl noch schwerer.
Ich glaube, daß auch der Herr Gott, der ja in Freiburg ein besonders schönes Haus auf dem Münsterplatz hat, heimlich und unerkannt durch den Breisgau geht und sich an seinem Musterbuch erfreut.
Vom Reichtum des Breisgaus kann man sich am Samstagmorgen auf dem Freiburger Wochenmarkt rund um das Münster überzeugen. Auf seiner Nordseite verkaufen Bäuerinnen die Produkte ihres Gartens. Da gibt es Gemüse aller Art, Salat, Früchte, Kirschen, Äpfel, Birnen, Mirabellen, Zwetschgen, da gibt es Blumen, Eier, Butter, Käse. Wer in Freiburg wohnt und auf dem Markt einkaufen kann, ist gut dran, denn die Qualität der angebotenen Gemüse ist hervorragend.
Auf der Südseite des Münsters sind die Stände handwerklicher Betriebe. Metzger, Bäcker, Käsehändler und Töpfer und Strohschuhmacher erinnern daran, daß sich hier seit dem Mittelalter ein typischer Markt mit Kauf und Verkauf abgespielt hat.
Ich schaue in meinen Korb, was ist alles drin? Spargeln vom Tuniberg, Bohnen und Kraut, Lauch und Meerrettich und Tomaten aus der Ebene, Erbsen und Karotten aus einem Dorf im Dreisamtal, Äpfel und Pflaumen aus dem Hexental, Kirschen vom Kaiserstuhl, Erdbeeren vom Glottertal, Speck aus dem Wagensteigtal, Eier aus St. Märgen, Holzofenbrot aus Pfaffenweiler, Käsle aus Hofsgrund. Wenn, ja wenn das alles sich nicht übers Jahr verteilen würde. Nicht immer gibt es alles, und das ist das Schöne an einem Bauernmarkt, daß immer alles seine Zeit hat.

Die alten Rebterrassen am Kaiserstuhl machten den arbeitskräftesparenden Maschineneinsatz unmöglich. Aus diesem Grund wurden mit der Flurbereinigung zugleich auch breite Großterrassen geschaffen. Man sieht sie im oberen Bildteil bei Oberrottweil. Aber die kleineren Terrassen speicherten die Wärme besser. Einen anderen Weg ging man beim Dorf Oberbergen im Vordergrund: Diese kleineren Terrassen lassen Maschineneinsatz zu und erhalten trotzdem das Kleinklima.
Unten: Die Weinlese wird von Hand durchgeführt.

Die Ortenau: Meerrettich und Zwetschgen

Spätzwetschgen, eiförmig mit festem Fleisch, sind die richtige Auflage für einen echten badischen Zwetschgenkuchen.

Am schönsten und kulinarisch ergiebigsten ist Baden zwischen Schwarzwald und Rheinebene, auf den Vorbergen und Abhängen, dort, wo die Römer schon hingebaut haben, wo bis heute die reichen Leute ihre Alterssitze haben und natürlich dort, wo die Ebene in Gestalt von Tälern in die Berge eindringt. Das gilt für das Markgräflerland wie für die Ortenau, die sich nördlich vom Kaiserstuhl an den Breisgau anschließt.

Ich komme zum Beispiel aus Baden-Baden, fahre über den Fremersberg nach Süden. Wenn ich den Wald verlasse, liegt das Rebland vor mir: sanft geschwungene Hänge mit der geometrischen Ästhetik von Reben. Dazwischen Wald, ein Dorf mit einem markanten Kirchturm, dahinter wieder Reben, Wald, eine Burgruine und die Ebene, die weite Ebene mit Äckern und Obstbäumen, in der das silberne Band des gestauten Rheins glitzert, der Münsterturm, der einfingrige von Straßburg ganz weit weg, und das Dorf da unten ist Steinbach, und Meister Erwin, der das Münster entworfen hat, war da daheim.

Wenn ich jetzt essen gehen will, ist die Wahl schwer. Ich kenne keine Quadratmeile, wo es so viele gute Restaurants gibt wie hier. Und mit dem Rebland, mit Neuweier, mit Varnhalt, mit Steinbach, mit Eisental ist's ja nicht fertig. Sie können diese wunderbare Straße weiterfahren bis Sasbachwalden und darüber hinaus. Triumph badischer Gastlichkeit, die ja nicht nur ein Essen anbietet, das seinen Preis wert ist, sondern auch liebenswerte Gastfreundschaft. Wo der Gast „bewirtet" wird. Wo ein bißchen die alte Vorstellung zugrunde liegt, der Gast sei der liebe Gott, der incognito reist und wie bei Abraham einkehrt.

Ortenau, Mittelbaden, Mitte von Baden. Einst war es Reichsland, dann kam es zu den Zähringern, und dann zerfiel es in zwanzig Herrschaften. Schließlich wurde ein Teil vorderösterreichisch wie Teile des Elsaß, und es blieb katholisch, als die Reformation kam. Es gehörte zur Straßburger Erzdiözese. Ich erinnere mich an die ersten Jahre nach dem Krieg, damals war an Besuche über den Rhein noch nicht zu denken.

Da gingen die Leute aus den Dörfern am Rhein am Sonntag zum „Briele", zum „Brüllen". Verwandte und Freunde trafen sich an einer bestimmten Stelle des Stroms, die einen hüben, die anderen drüben, und riefen sich

die Neuigkeiten über das rauschende Wasser. Heute sind die Bindungen wieder fast so eng wie früher. Was das heutige Gespräch hindert, ist die immer stärkere Dominanz der französischen Sprache im Elsaß. Was Chance sein könnte für eine deutsch-französische Brücke, wird mehr oder weniger stark unterdrückt oder zumindest nicht gefördert. Oder wie Germain Muller einmal gesagt hat: „Europa wird sein, wenn sich Monsieur Muller aus Straßburg und Herr Müller aus Kehl auf der Brücke treffen und sagen: ‚How are you, Mister Miller'." Apropos Rhein. Vier Kilometer breit war die urwaldartige Rheinaue, bevor Tulla den Strom im vergangenen Jahrhundert reguliert hat. Noch gibt es die Altwasserdickichte, Schilf, Tümpel, Moore, Auwälder am Rhein. Am schönsten: der Taubergießen, wo man Kormoranen beim Fischen zuschauen kann. Eintausenddreihundertzweiunddreißig Hektar urwaldartige Auenlandschaft mit vielen seltenen Tieren und Pflanzen.

In den kleinen Dörfern am Rhein gibt es alleweil noch Fischer, und in den Gasthäusern dort kann man Fische essen, Hecht zum Beispiel und Aal. Und wie man hört, soll auch schon einmal wieder ein Lachs gefangen worden sein.

Liebliche Ortenau: Am schönsten ist sie dort, wo die Bäche zwischen Bergkuppen weite Wiesentäler geschaffen haben und der Tannenwald in Obstwiesen übergeht.

Zwischen Kaiserstuhl und Karlsruhe wird der begradigte Rhein begleitet von verschlungenen Altrheinarmen, idyllischen Auwäldern, feuchten Wiesen. Für den Fischer wie für den Naturfreund ein wahres Paradies.

Noch im vergangenen Jahrhundert war der Rhein voll von Lachsen, die in die Schwarzwaldbäche strebten, um zu laichen.

Die Regulierung des Rheins bannte die permanente Gefahr von Hochwasser, dem ganze Dörfer zum Opfer fielen, und machte die Niederungen kultivierbar: Wiesen und Weideland. Dort, wo terrassenartige Anschwemmungen durch den Fluß entstanden sind, findet sich Ackerland, und in der Vorbergzone, wo die Winde der Eiszeit Löß und Lehm angeweht haben, gibt es Äcker, Obstanlagen und Reben. Rund dreitausend bäuerliche Betriebe gab es Anfang der achtziger Jahre, die Hälfte davon im Nebenerwerb.

Die Betriebsgröße von durchschnittlich sechs Hektar macht intensive Landwirtschaft erforderlich. An der Spitze liegt der Weinbau. Siebzig Prozent der Betriebe haben weniger als einen halben Hektar Rebfläche. Da lohnt nur Qualitätswein.

Und kein Wunder, daß hier in der Ortenau der Gedanke der Winzergenossenschaften entstand. Der arbeitsintensive Ausbau der Weine lohnt nur bei entsprechender Menge: Rotwein entsteht hier, von dem Kenner sagen, diese Spätburgunder könnten sich mit französischen Spitzenweinen messen. Müller-Thurgau, Grauburgunder, Riesling, Klevener (Traminer). Neben den Reben ist es der Obstbau. Die Ortenau gilt als Kerngebiet des deutschen intensiven Obstanbaus. Baumobst wie Zwetschgen und Kirschen werden gezogen, Niedrigbaumanlagen mit Äpfeln und Strauchbeerenobst, Johannisbeeren, Himbeeren, Stachelbeeren. Auf dreihundertfünfzig Hektar wachsen Erdbeeren. Achern, Oberkirch und Ortenberg sind die Orte der Großmärkte. Eine wichtige Rolle spielt auch hier das Brennobst. Siebentausend kleine Brennereien gibt es in der Ortenau, das heißt mehr als landwirtschaftliche Betriebe und praktisch ein Fünftel aller deutschen Kleinbrennereien. Die Kombination Reben, Obst und Brennerei macht den Charakter der Kleinbetriebe aus.

Und da wird nicht nur Kirsch und Zwetsch gebrannt, Birne und Treber, was andernorts Marc heißt oder Grappa, sondern auch „Borbel“ oder „Herdepfler“ oder Topinambur.

Wenn man mit der Eisenbahn von Rastatt nach Offenburg fährt, fallen einem im Sommer Sonnenblumenfelder auf. Auch sie wachsen neuerdings in der Ortenau für das

gesuchte Sonnenblumenöl. Aber da gibt es noch etwas: Felder, auf denen etwa zwei Meter hohe Gewächse stehen, die in kleinen gelben Blüten enden: Topinambur. Im Boden steckt eine Knolle, die die Bauern Erdäpfel nennen. Ich hab' sie oft gegessen als Gemüse, in schlechten Zeiten. Sie schmeckt süß. Und diese Süße macht sie geeignet für einen ganz eigenartigen, etwas rauhen Schnaps. Ich mag ihn sehr. Durch seinen erdigen Geschmack ähnelt er dem Enzianschnaps. Durch viele kleine Rülpserlein erinnert er immer wieder an sich.

Die Ortenau war ein Zentrum des deutschen Tabakanbaus. Siebzehn Prozent des deutschen Tabaks kamen von hier. Der veränderte Geschmack, der Rückgang des Rauchens läßt die Äcker mit Tabak verschwinden. Sonnenblumen und Mais sind an seine Stelle getreten. Sonnenblumen für Öl, Mais für die Schweinezucht.

Und noch immer bin ich nicht fertig mit den Besonderheiten der Ortenau. Daß im Herbst Kürbisse groß und gelb auf den Äckern liegen, die ich so dringend brauche für Kürbissuppe und Kürbismarmelade und süßsaure Kürbisse, will ich nur nebenbei bemerken. Aber ganz wichtig und in der badischen Küche unverzichtbar ist der Anbau von Meerrettich im

Herz und Mittelpunkt der Ortenau ist Offenburg, die alte Reichsstadt am uralten West-Ost-Weg vom Elsaß nach Schwaben.

Blick auf Oberkirch im Renchtal. Die Landschaft hat typischen Ortenaucharakter. Rebberge, wo der Klingelberger wächst und der Spätburgunder, Kastanienwälder, Obst- und Beerenanlagen und die dunklen Tannen der sanften Berge des Nordschwarzwaldes.

Ortenaudorf Urloffen. Er verlangt viel Arbeit: Im Frühjahr werden die Fexer genannten bleistiftdünnen Wurzeltriebe vom Vorjahr schräg in kleine Erdwälle auf dem Acker eingelegt. Im Juni gräbt man sie aus und reibt sie mit einem rauhen Lappen ab, damit die Kraft nicht in die kleinen Würzelchen, die sich inzwischen gebildet haben, geht und sich der Meerrettich schön glatt und lang entwickelt. Nun bleiben die Rettiche, die keine Rettiche sind, bis Oktober in der Erde. Dann werden sie geerntet.

Die dünnen Wurzeltriebe, die vor allem am unteren Ende entstanden sind, werden über Winter kühl und feucht gelagert. Sie sind die Fexer fürs kommende Jahr.

Gekochtes Rindfleisch, Meerrettichsoße, Rahmkartoffeln, süßsaure Kürbisse, süßsaure Zwetschgen, Preiselbeeren und Salat, das ist das traditionelle „Samstagessen" der Badener.

Wo kann es besser schmecken als in einem Bauerngasthof der Ortenau?

Und Zwetschgenkuchen, nicht mit Kaffee, sondern mit Kartoffelsuppe, sollten Sie in Bühl probieren, wo die Spätzwetschgen daheim sind und mit einem eigenen Fest gefeiert werden.

LAND ZWISCHEN RHEIN UND MAIN: NORDBADEN

Mannheim, die Industriestadt mit Herz und Mittelpunkt des pulsierenden Rhein-Neckar-Raumes. Der Wasserturm, Wahrzeichen der Stadt, gilt als einmaliges Beispiel für Jugendstil-Architektur.

Wenn man mit der Autobahn von Süden kommt und am Autobahnkreuz Wiesloch nach Osten Richtung Heilbronn abzweigt, dann fährt man mitten durch das Kraichgauer Hügelland. Ein Flüßlein, der Kraichbach, gibt diesem Land seinen Namen. Kraich, so heißt es, sei eine alte Bezeichnung für Lehm. Als die Berge hier kreisten und Ebene, Schwarzwald und Vogesen gebaren, sanken die Nordteile der Berge mit in die Tiefe, so daß der Schwarzwald scheinbar auf der Höhe von Karlsruhe aus dem Kraichgauer Hügelland aufsteigt. Seine tieferen Teile nördlich sind bis zu zehn Meter und mehr mit fruchtbarem Löß überdeckt. Noch fruchtbarer, weil reicher an Mineralien, ist die Erde dort, wo Gestein verwitterte, schwarze Erde. Alles gedeiht hier: Wein, Weizen, Zuckerrüben, Spargel. Typische Württemberger Weinsorten wie Schwarzriesling und Lemberger wachsen hier sowie Grauburgunder, Riesling und Spätburgunder. Der Weizen und die Zuckerrüben haben den Dinkel verdrängt, den Tabak, den Hanf, den Lein, den Mohn, den Hopfen und die Färberpflanze Krapp. Das alles ist früher hier gewachsen. Klein sind die Äcker, durch die wir fahren. So fruchtbar ist das Land, daß die Erbteilung im Laufe der Zeit viele Betriebe von zwei Hektar und kleiner ergab (1960 waren fünfzig Prozent der Betriebe im westlichen Teil noch kleiner). Dafür wird das Land heute fast nur noch von Feierabendlandwirten bebaut, was auch in den kleinen Städten und Dörfern durch die staatlich geförderte Industrialisierung noch unterstützt wurde. Es ist ein sanftes Land, weit kann man schauen, die wenigen dunklen Hügel verstellen nicht die Weite, sondern gliedern sie so, wie es die kleinen Täler tun, die von den Bächen eingeschnitten wurden und die bei Regen gelb sind vom Löß. Das Klima ist fast kontinental, warm im Sommer, kalt im Winter. Selbstbewußte Dörfer, Städte und Städtchen, in denen man gut ißt und in denen viel Sehenswertes zu finden ist. Seit undenklichen Zeiten ist dies Land besiedelt, es hat früh die Menschen angezogen. Ein Durchgangsland ist dieser freundliche Park: vom Oberrhein zum Main, nach Würzburg und nach Regensburg führt hier die Straße, von der Pfalz nach Augsburg. Menschen und Ideen wanderten hier, und wie beide wanderten, mußten sie auch rasten und essen. So kreuzen sich

im Kraichgauer Hügelland auch die kulinarischen Linien: Südbaden, Pfalz und Schwaben. Konnte man nicht aus dem Dinkel die „besten Spätzle der Welt“ machen und Kuchen backen? Nach Westen hin tauchen wir ein in die Rheinebene. Dort befindet sich ein kunsthistorisches Kleinod: Schwetzingen. Der Spargel hat hier eine würdige Residenz. Angebaut wird vorwiegend der weiße Bleichspargel, auch Kaiser-Wilhelm-Spargel genannt, dessen feine Bitternis dem deutschen Geschmack entspricht, im Gegensatz zum französischen Cavaillon-Spargel mit dem violetten Kopf, der bitter und kräftig schmeckt und daher eine Sache von Liebhabern ist. Der Spargel gilt als König der Gemüse. Ich liebe ihn jedenfalls heiß und innig, und wenn Spargelzeit ist fahre ich, wenn immer es geht, nach Schwetzingen, um ihn möglichst frisch gestochen in der Spargelsammelstelle zu kaufen. Manchmal kann es sein, daß mich ein Spargelbauer mitnimmt auf den Acker. Langsam geht er mit dem Spankorb durch die Reihen (sprich: die Erdwälle), und da und dort sticht er mit seinem Spargelmesser, das aussieht wie eine Sandschaufel der Kinder, in die Tiefe. Sticht einen Spargel. Er hat an der Oberfläche der Erde gese-

Neckargemünd, die schöne Nachbarin Heidelbergs im unteren Neckartal, liegt zwischen Odenwald und Kraichgau.

Schaut ein Spargelkopf erst einmal aus der Erde heraus, verfärbt er sich lila und wird etwas bitter. Manche Spargelliebhaber mögen das nicht.

hen, daß an dieser Stelle ein Spargeltrieb unterwegs ist ans Licht. Aber nur, wenn er unter der Oberfläche gestochen wird, behält er seine vornehme Blässe. Nach dem Stich wird die Erde mit einer Art Maurerkelle wieder sorgfältig geglättet, damit man die neuen Triebstellen wieder erkennen kann. Dann erzählt er mir, daß die Spargelpflanze den besonderen Boden braucht, den die Oberrheinische Tiefebene eben hier hat: lehmige Sandböden und viel Sonne. Die Regel lautet: „Bis Johanni – nicht vergessen – sieben Wochen Spargel essen."

„Warum endet um den 20. Juni herum die Spargelsaison?"

„Je nun, vergessen Sie nicht, der Spargel kommt zwar aus einer unterirdischen Pflanze mit Wurzeln von drei bis fünf Meter Länge, aber irgendwann muß sie ja auch wachsen können, blühen, sich vermehren. Wenn nach Johanni der Spargel nicht mehr gestochen wird, kommen die Triebe heraus und werden zu etwa eineinhalb Meter hohen Pflanzen. Ihr Aussehen? Na eben wie Asparagus bei der Blumenfrau, das ist dieselbe Pflanze und sie hat kleine gelbe Glockenblumen, aus denen dann rote Beeren werden."

Ich gehe mit meinen Spargeln vom Acker. Überall sehe ich Männer und Frauen beim Spargelstechen. Meine langen weißen Exemplare sind zwar nicht sortiert, dafür ganz frisch, und das ist bei einem Gemüse, das zu mehr als neunzig Prozent aus Wasser besteht, nicht unwichtig.

Dann kommen wir nach Ladenburg, einem Städtchen, das so vergessen in der Ebene liegt und so viel Mittelalter atmet. Danach Mannheim, wo kulinarisch betrachtet sozusagen ein Vorhof der Pfalz ist, wo Pfälzer Wurstherrlichkeit beginnt und man durchaus schon einen Saumagen probieren kann.

Was jetzt kommt, ist das romantische Deutschland. Das Deutschland aus dem Bilderbuch und aus dem Volkslied. So wie die Täler des nördlichen Schwarzwalds die Volksliedvorstellung vom wilden Wald erfüllen. Das Land zwischen Neckar und Main ist Wandervogelland, durch das man singend wandern muß. Kulinarisch? Tja, da kommt einem wieder in den Sinn, wieviel Einfluß die Höfe, Schwetzingen und Heidelberg, auf die Kultur des Essens hatten, was von einer Stadt wie Heidelberg an Städtischem ausstrahlte, vor allem weil so viele Studiosi und

Gelehrte von weither in ihren Mauern weilten.
Am Neckar wächst Wein. Und dann der vordere badische Teil des Odenwalds: Bis zur Industrieansiedlung in den Tälern und Städtchen war er bettelarm, ein Notstandsgebiet. Doch das bringt mich zu dem Gedanken an die „Küche der armen Leute". Wenn man an allem sparen muß, selbst an den Grundnahrungsmitteln, dann muß Einfallsreichtum der Not zu Hilfe kommen. Und wieviel Delikates verdanken wir nicht diesem Einfallsreichtum! Aber im Odenwald gibt es auch große Betriebe, die Mastrinder erzeugen und Milch.

Weiter östlich das Tauberland, bekannt durch seinen Weinbau. Müller-Thurgau wird hier als Qualitätswein angebaut und Silvaner. Badischer Wein aus dieser Gegend darf in Bocksbeutelflaschen verkauft werden. Nicht nur diese Besonderheit weist auf die Nähe zum Frankenwein vom Main hin. Denn nur bis zum Main erlaubt das Klima den Weinbau, schließlich heißt hier eine Hochebene „Winterhauch". Früher hat man von Badisch-Sibirien gesprochen: Kalt ist der Winter, spät wird es hier Frühling. Im Durchschnitt gibt es zehn bis zwanzig Sommertage. Ein kalter Wind pfeift über die weiten Ebenen, die

Der Spargelbauer von Schwetzingen muß früh aufstehen, wenn er das königliche Gemüse ernten will, ehe die Köpfchen an der Erdoberfläche erscheinen. Die leichten sandigen Böden der Rheinebene sind ideal für diese einträgliche Sonderkultur.

nur da und dort von etwas Wald unterbrochen werden. Hier war eine Heimat des Dinkel. Wo kein Weizen mehr gedeiht und auch kein Roggen, weil das Klima zu rauh ist, dort wächst noch der Dinkel. Dinkel ist ein Ahn des hochgezüchteten Weizens unserer Tage. Emmer und Einkorn, die von den eben seßhaft gewordenen Steinzeitbauern angebaut wurden, sind sozusagen die Eltern des Dinkels. Er ist aus einer Kreuzung der beiden Urgetreidesorten hervorgegangen. In Mitteleuropa wächst er seit viertausend Jahren. Vor hundertfünfzig Jahren wurde noch mehr als zehnmal so viel Dinkel in Baden-Württemberg angebaut wie Weizen. Namen wie Dinkelacker, Dinkelsbühl, Dinkelberg erinnern an die hohe Zeit des Dinkel. Das feine, besonders schöne Dinkelmehl gilt den schwäbischen Hausfrauen bis heute als das beste für Spätzle und feine Springerle. Aber die eigentliche Dinkelrenaissance kommt von der „grünen" Bewegung, kommt vor allem von der Vollwertkost, die den Wert des Getreidekorns wieder entdeckt hat. Auch wenn der Anbau des Dinkels stetig zurückging, in Baden hat der Verbrauch von Grünkern nie aufgehört.

Wie kamen die Leute auf den Grünkern? Man nimmt an, daß es in einem kalten, nassen Sommer war. Der Dinkel konnte und wollte nicht reif werden und mußte schließlich grün geerntet werden. Um ihn überhaupt mahlen zu können, kam man auf die Idee, die Körner über Feuer zu trocknen. Das Ergebnis war Grünkern. Durch das Rösten waren feine Röststoffe entstanden, die dem Grünkern sein einmaliges, würziges Aroma gaben. Ob sich die Erfindung des Grünkerns wirklich so abgespielt hat oder anders: sei's drum. Grünkern jedenfalls ist ein wunderbarer Rohstoff für Suppen, Eintöpfe, Küchle und Aufläufe.

Im Bauland wird noch nach alter Tradition Dinkel angebaut. Dieser altertümliche Verwandte des Weizens zeichnet sich durch seine Widerstandsfähigkeit und den typischen Geschmack aus. Grün geerntet und getrocknet wird dieser Grünkern immer beliebter.

Der Bodensee: Noch ein Garten des lieben Gottes

Ein Bodenseefischer von der Reichenau beim Netzflicken.

Ich bin unterwegs auf der Autobahn 81, Stuttgart–Singen, unterwegs nach Badens Süden. Ich möchte zur Stiefelspitze fahren, an das Land am Bodensee. Ich bin das Murgtal heraufgekommen, das so typisch für den nördlichen Schwarzwald ist. In Freudenstadt lag das Gebirge hinter mir und es ging bergab durch die zerklüftete Hochfläche, durch das Land zwischen Schwarzwald und Schwäbischer Alb. Leicht gewinnt der Wagen seine Höchstgeschwindigkeit. Ein blauer Himmel über einem weiten Land. Es macht Spaß, nach Süden zu fahren. Ausfahrten huschen vorbei: Rottweil, Villingen-Schwenningen. Das sind Namen voller Vorstellungskraft: Schwarzwälder Uhren, gewiß, aber auch die schwäbisch-alemannische Fasnacht. Auch die Fasnacht gehört zu den Reisezielen in Baden. Und nicht nur hier oben, obwohl hier oben eine Hochburg ist. Bonndorf gehört noch dazu und natürlich der Breisgau. Schwäbisch-alemannische Fasnacht. Kein kreischendes Helau-Getue. Alemannen behalten ihre bedächtige Art, auch an Fasnacht. Die holzgeschnitzten Masken und die bunten, „Häs" genannten Kostüme signalisieren Dämonen, Leidenschaften, Urkräfte der menschlichen Seele, bunte Rituale und Narrenspiele. Fasnacht ist eine ernsthafte Sache. Das Absurde hat eine Wohnung in der alemannischen Seele. Leidenschaft für die Wahrheit. Der Narrenspiegel, in dem sich die Wahrheit über den menschlichen Charakter bricht.

Ausfahrt Donaueschingen. Weit dehnt sich nach Westen hin die Baar. Die große Abdachung vom Schwarzwald her: Getreideland. Kornkammer Badens.

Da fällt mir ein, wie das heimische Brot schmeckt. Wie das Brot, das die Cousine am Samstag meiner Mutter von „daheim" mitbrachte. Frischgebackenes Brot. Aus dem Backofen in der Küche von meiner Tante Marie. In einem großen Holztrog geknetet, aus grobem Weizenmehl, Wasser und Hefe. Gut war das Brot, wenn es frisch war, aber von Tag zu Tag wurde es noch besser, wurde fester, saftiger, geschmackvoller. Badisches Bauernbrot. Einfach nur Butter draufstreichen. Frische Butter von einem Bauern. Oder ein Stück Speck. Oder nur ein Glas Wein dazu. Trockenes badisches Brot und ein Glas badischer Wein, ein Gutedel vielleicht.

Die Autobahn senkt sich jetzt. Die seltsamen Berge des Hegaus kom-

men in Sicht: fruchtbares Land. Löß. Vulkane eben.
Ich bin in Singen. Die Autobahn verzweigt sich. Es geht in die Schweiz, nach Konstanz und zum Ostufer des Bodensees, Meersburg und Lindau.
Stationen am See. Die Stille des Untersees, dessen typische Bäume silberne Pappeln sind und dem See die Verträumtheit eines riesigen Waldsees geben. Ich bin auf der Höri, sitze auf der Terrasse eines Gasthauses, das inmitten einer sanft abfallenden Wiese steht, umgeben von Obstbäumen. Das Gasthaus hat den Flair einer heiteren Sommerfrische. Auf dem See drunten fährt ein Segelboot, im Dunst sehe ich die Kühe am jenseitigen Ufer, dem Schweizer Ufer. Ich esse Kretzer, Egli, in Butter gebraten, und trinke Wein von der Insel Reichenau, einen Müller-Thurgau.
Dann bin ich drüben, vielleicht bei Allensbach, der Gnadensee liegt vor mir, ich esse eine Reichenauer Salatplatte: Kopfsalat, Rettich, Gurken, Tomaten, Karotten und was noch dazugehört. Die Reichenau liegt vor mir, „reiche Au“. Ich sehe Unterzell und Mittelzell und Oberzell, die drei uralten Kirchen, Reste eines Klosters, dem Baden seine Kultur verdankt, das irische Mönche hier gebaut haben, die sicher das Wissen um

Über dem Hafen von Meersburg steigen Rebhänge empor. Hier wachsen Spätburgundertrauben, die zu Weißherbst ausgebaut werden.

Der Fischer und seine Frau beim Netzetrocknen. Es sieht nicht gut aus für die Bodenseefischerei. Wasserverschmutzung, Überfischung und der fehlende Fischernachwuchs bedrohen sie in ihrer Existenz.

den Gemüseanbau, den Weinbau und um das Obst mitgebracht haben. Das Kloster wurde säkularisiert, ging 1804 unter, das Wissen blieb. Ich erinnere mich daran, wie ich mit einer Jugendgruppe 1946 hier Ferien machte. Wir hatten nichts zu essen. Ich ging hinüber zu den Bauern auf die Insel, um Gemüse zu betteln. Sie haben mir geholfen. Reiche Au. Mit intensivem Gemüseanbau setzen sich die Bauern der Insel auch heute gegen EG-Konkurrenz durch. Qualität gegen billiges Massenangebot. Und Erdbeeren gibt es. Wein gibt es heute auch wieder auf der Insel, nachdem die Reben vor Jahrzehnten wegen dem Gemüseanbau herausgehackt wurden.

Zwischen Hegne und der Reichenau ist ein Fischer unterwegs. Blaufelchen fängt er. Der Blaufelchen ist ein Verwandter der Forelle. Er wird bis zu sechzig Zentimeter lang und lebt in fünfzehn bis fünfundzwanzig Meter Tiefe. Mit Schwebnetzen wird er gefangen, die am Nachmittag im offenen See ausgelegt werden. Morgen früh sind sie mit dem silbernen Segen gefüllt. Bis zu fünfhundert Tonnen Felchen werden im Jahr gefangen. Ginge es nach dem Fischfang, gäbe es längst keinen Felchen mehr im See. Darum werden im Spätherbst in eigenen

Fischbrutanstalten, zum Beispiel in Langenargen, Fischeier befruchtet und im Frühjahr die kleinen Fische zu Hunderttausenden wieder ausgesetzt. An zweiter Stelle nach dem Blaufelchen kommt der Barsch. Drüben auf der Schweizer Seite des Sees heißt er Egli, hier Kretzer. Im Untersee fängt der Fischer auch Saiblinge und Äschen. Haben Sie schon einmal eine Seeforelle gegessen? Etwa zehntausend Kilogramm Seeforellen gehen jedes Jahr den Bodenseefischern ins Netz oder an die Angel. Bis zu zehn Kilogramm kann ein einzelnes Tier wiegen. Eine sechsköpfige Familie könnte davon satt werden. Dabei ist ihr Fleisch wunderbar zart und aromatisch. Natürlich kommt auch der Hecht im Bodensee vor, er wird überall gefangen, und gelegentlich gelingt auch der Fang eines Wallers oder Wels, der in der Tiefe des Bodensees lebt und bis zu zwei Meter lang werden kann. Bekannt für die großen Waller, die man dort fängt, ist der geheimnisvolle Mindelsee, der zwischen Überlinger und Gnadensee auf dem Bodanrück liegt. Sorgen haben die Fischer mit dem Wasser, mit den Fischen und mit dem eigenen Nachwuchs. Noch gibt es etwa einhundertfünfzig Fischer am See.

Wieder eine Station: Birnau. Die Terrasse vor einer der schönsten Kirchen, die es gibt. Das weite Schwäbische Meer liegt vor mir. Die silbern glitzernde Seefläche, weit dahinter der Säntis und die Schweizer Alpen. Noch ein Garten des lieben Gottes.

Dann Konstanz und weiter drunten am See Meersburg. Der Bodensee lebt in erster Linie von den Touristen wie der Schwarzwald auch.

Ich erinnere mich, wie ich hier in der Birnau bei den Zisterziensermönchen Birnenmost getrunken habe. Unvergleichlichen Birnenmost. Ob es noch Mönche gibt im kleinen Priorat bei der Birnau? Ob sie noch Birnenmost machen? Hier ist das Land der Äpfel, Birnen und Kirschen. Vor allem die Äpfel vom Bodensee haben einen landesweiten Ruf. Sie sollten nicht versäumen, in einem der kleinen Dorfgasthäuser, eines der „Wässer“ zu probieren, die hier auch gebrannt werden. Den Bodenseewein sollten Sie natürlich trinken, den Weißherbst oder den Müller-Thurgau oder vielleicht auch den Roten. Felchen dazu essen oder Spargel, die dahinten im Schwäbischen bei Tettnang gestochen werden.

Wie eine Königin thront die Wallfahrtskirche Birnau über dem Überlinger See. Wein wächst zu ihren Füßen. Berühmt ist der Birnenmost der Mönche.

Bei der schwäbisch-alemannischen Fasnet in der sogenannten „fünften Jahreszeit" kommen die Narren zwischen Oberrhein und Bodensee, auf der Baar und am oberen Neckar, im Elztal und im Kinzigtal aus ihren Nestern, um mit ihren „Häsen" (Kostümen) und Masken, mit wilden Sprüngen, Schellen, Rätschen, Peitschen und ihrem Geschrei die bösen Geister des Winters auszutreiben.

Gedanken über einem Schoppen Wein

Die goldene Sonne Badens eingefangen in einem „Viertele“

Ich sitze in einem Kaiserstühler Gasthaus, es geht gegen Abend. Unsere Streifzüge durch Baden, Streifzüge der Sinne, der Augen, der Nase und der Zunge haben sich zum ersten Mal gerundet.
Was ist eigentlich badisch an der badischen Küche? Nun, die Sorgfalt der Zubereitung. Das Schüßle Wein hier, der Löffel Rahm, sprich Sahne, dort, das frische Gemüse, die Kräuter aus dem Garten, das Butterfett bei der Zubereitung. Das, was kommt, wenn die anderen aufhören.
Das ist Essen mit dem gewissen Etwas. Dem Alltag einen Hauch Fest geben!
Da war die Bäuerin aus dem Kinzigtal, die dich zu einer einfachen Brotsuppe eingeladen hat: Der saure Rahm, den sie großzügig hineintat, machte die Nahrung zur Speise. Oder die Wirtin im Rheindorf, die dir Fische aus dem Altrhein vorsetzte, sauer eingelegt: eine nie zuvor geschmeckte Delikatesse. Eine kulinarische Reise durch Baden ist immer auch eine Weinreise. Ja, sie wäre ohne Wein gar nicht denkbar. Da ist der herbe Wein des Bodensees, da ist der Wein der Markgrafschaft, dem Sonnenland im Dreiländereck, da ist der Wein vom Tuniberg und Kaiserstuhl, wo die Sonne wohnt, da sind die Traumweine der Ortenau und ganz zuletzt, aber nicht an letzter Stelle, die Weine vom Neckar und die Weine vom Taubergrund, wo Baden schier bayerisch wird.
Wunderbare Weine allesamt.
Baden ist Weinland, wo man mehr Wein trinkt als anderswo. Schließlich trinkt jeder Schwarzwälder pro Kopf und Jahr vierzig Liter. Babys und Biertrinker eingeschlossen.
Genia, die gute Fee dieses Gasthauses bringt mir einen Ruländer. Grauburgunder heißt er heutzutage, so wie die Franzosen ihn Pinot gris nennen. „War sein alter Name nicht mehr recht?“ frage ich. „Man hat keinen Ruländer mehr verkaufen können. Wer trinkt denn noch Ruländer. Unter Ruländer stellt man sich was Süßes und Öliges vor. Weil man gemeint hat, man könne mit süßem Wein die Leut’ zum Weintrinken bringen, vor allem in Norddeutschland hat man die Weine süß gemacht. Beim Ruländer war es am allerschlimmsten. Aber das ist jetzt vorbei. Nur Ruländer nennen kann man den neuen alten Ruländer nicht mehr.“ Der Ruländer ist mit das Schönste, was der Kaiserstuhl an Weinen zu bieten hat. Er ist es

noch, er ist es wieder, der Wein, den man Schluck für Schluck trinkt. Der Wein, mit dem man mit sich selbst anstößt, so wie ich jetzt, indes ich darüber nachsinne, welche Gabe Wein ist.
Ist er nicht zusammen mit Brot das, was Christen ihrem Gott als Geschenk bringen? Das Kostbarste, was Menschen erfunden und geschaffen haben: Brot und Wein. Brot für den Hunger und Wein für das Fest. Ich schaue in meinen Ruländer. Golden ist er, golden wie die Sonne über dem Kaiserstuhl.
Ursprünglich war diese Rebsorte ein richtiger blauer Spätburgunder, bis rein zufällig jene Veränderung des Erbguts eintrat, die man Mutation nennt, so eine, die plötzlich auftritt und man nicht weiß warum. Seine Abstammung sieht man den Trauben des Grauburgunders immer noch an. Der Name Ruländer kommt daher, daß der Kaufmann Johann Ruland 1711 in einem verwilderten Garten in Speyer die Pflanze entdeckt hat und mit den Stecklingen ein gutes Geschäft machte. Die Kaiserstühler aber sagen, der kaiserliche Feldhauptmann Lazarus von Schwendi aus Burkheim hätte die Traube nach den Türkenkriegen aus Ungarn mitgebracht. Ganz so ohne Grund wird diese Legende nicht entstanden sein, denn

In seiner Jugend war er Köhler. Längst rauchen im Schwarzwald nur noch an wenigen Stellen die Meiler, obwohl es einen neuen Markt für Holzkohle gibt: Grillkohle.

Einkehren in Freiburg, wo die Küchen Frankreichs und Österreichs mit der badischen eine glückliche Verbindung eingehen. Man ißt gut „z'Friburg“, nicht nur im ältesten Gasthaus Deutschlands „Zum Roten Bären“.

schließlich heißt der Ruländer im Elsaß „Tokay d'Alsace“.
Schwer? Schwer, ja das ist er. Also langsam trinken. Aber das tue ich ohnehin: Grauburgunder. Wie steht in der Bibel? Der Wein erfreut des Menschen Herz. Ich habe bis zu meinem zwanzigsten Lebensjahr gemeint, Wein schmecke so wie der Wein vom Onkel Karl. Er war vereidigter Meßweinhersteller und stellte seinen Elbling ganz naturrein her: Er schmeckte fürchterlich. Darum trank ich niemals Wein. Eines Tages lud mich ein älterer Freund zu einem „Viertele“ ein. Ich erinnere mich noch an den Stuhl und an den Tisch im Oberkirch in Freiburg, wo mir zum ersten Mal Wein geschmeckt hat. Es war ein Ruländer vom Kaiserstuhl.
Längst mag ich auch den Elbling. Nur in Baden gibt es keinen mehr. Ich muß ihn mir schon aus Luxemburg holen. Die badischen Winzer, oder waren es bloß ihre Funktionäre, haben sich selbst das Gesetz gegeben, in Baden keinen Elbling mehr anzubauen, denn die Weinsorte Elbling steht für Armut und Abhängigkeit der Winzer von den Sektfabriken, vor allem hier am Kaiserstuhl. Aber wozu brauche ich denn Elbling? Es gibt ja in Baden, vor allem im Markgräflerland, genügend Gutedel. Ein Wein, der sich ebenso unproblematisch trinkt wie der Elbling. Leicht geht er einem über die Zunge, und wenn es ein Glas mehr ist, der Gutedel tut nicht weh. Er ist der rechte Wein für das Trinken mit Freunden, in heiterer Gesellschaft und gegen den Durst. Dabei ist er vielleicht von allen Weinsorten die älteste. Er wird in Ägypten seit fast dreitausend Jahren angebaut, die Römer haben ihn nach Europa gebracht und Markgraf Karl Friedrich vom Genfer See nach Baden. Aber davon haben wir ja schon gesprochen.
Zu den Weinen, die ich besonders liebe, gehört auch der Silvaner, dessen Anbau leider zurückgeht, und zwar zugunsten des Müller-Thurgaus. Vielleicht kommt es daher, daß er frostanfälliger ist. Ich mag an ihm seinen milden, feinfruchtigen Geschmack von zartem Bukett und einer mittleren Säure. In manchen Jahren kann Silvaner ein großer Wein sein. Manchmal schmeckt er ein bißchen „grün“. Aber wie der Gutedel ist er ein Wein, der verhältnismäßig geschmacksneutral ist und sich damit als Trinkwein zu den unterschiedlichsten feinen Speisen eignet. Er wird keine

ÄLTESTER GASTHOF
DEUTSCHLANDS
BÄREN
ANTIK
EINRICHTUNG
le Caveau

Ob er wohl genügend Öchsle hat? Das Mostgewicht, der Fuchtzuckergehalt, entscheidet nämlich, ob aus dem Traubenmost einmal ein Qualitätswein, ein Qualitätswein mit Prädikat oder ein Kabinett-Wein werden kann.

Geschmacksnuance, auch nicht bei Fischgerichten, stören.
So wie der Silvaner aus einer Wildform, die in den Auwäldern der Donau daheim ist, entwickelt wurde, so soll der Riesling in den Auwäldern des Oberrheins daheim sein. In Baden gedeiht er vor allem um Baden-Baden und als „Klingelberger" zwischen Kinzig und Rench. Der Riesling wird als die feinste, eleganteste, rassigste, ausgewogenste Weinsorte bezeichnet. Man sagt ihm eine harmonische Säure, eine unaufdringliche Süße und ein großes Bukett nach.
Noch erfolgreicher als der Riesling ist der Müller-Thurgau. Eine Züchtung des Herrn Müller aus dem Schweizer Kanton Thurgau. Ergebnis des Versuches, die Qualität des Rieslings mit der Quantität des Silvaners zu kombinieren. Fast dreißig Prozent des deutschen Weißweins ist Müller-Thurgau. Die Traube reift früh, liefert reiche Erträge. Die Weine sind mild, frisch, duftig, lieblich mit harmonischer Säure, es sind Damenweine. Wie die Gutedeltraube eignet sich der Müller-Thurgau nach Großmutterart, also trocken, ausgebaut zu werden. Wie mit dem Gutedel kann man mit einem trockenen Müller-Thurgau jemandem die Welt des trockenen Weins erschließen.
Aus dem „badischen Frankenland", dem Taubertal, und aus dem Kraichgau kommt ein munterer Müller-Thurgau, aber auch aus dem Breisgau und sogar vom Markgräflerland.
Eine badische Spezialität muß hier unter den Weißweinen genannt werden, der Weißherbst. Er entsteht dadurch, daß blaue Burgundertrauben keine Gelegenheit haben, beim Gären die rote Farbe aus den Häuten zu ziehen, sondern nach Weißweinart sofort verarbeitet werden. Je nach Menge des roten Farbstoffes, der dennoch in den Most kommt, wird der Wein mehr oder weniger rötlich. Eigentlich muß aber badischer Weißherbst golden schimmern, in der Farbe durchaus dem Ruländer ähneln. Wodurch unterscheidet sich ein Weißherbst von einem Rosé? Eigentlich nur dadurch, daß ein Weißherbst ausschließlich aus Trauben einer Sorte hergestellt wird und daß er darüber hinaus ein Qualitätswein im Sinne der EG-Norm ist.
Weißherbste kommen vom Kaiserstuhl, aus der Ortenau und vom Bodensee. Falls Sie ins Tal der Schwarzwald-Klinik fahren, ins Glottertal, werden Sie einem

ganz gefährlichen Exemplar von Weißherbst begegnen. Er trinkt sich leicht und problemlos: ein wunderbarer Wein. Aber ebenso leicht werden die Knie vor der Tür des Gasthauses zum Problem. Jetzt fehlt noch das Edelste, der Traminer und der Gewürztraminer. Die Römer haben die Reben mitgebracht. Er ist von einer milden Süße, von einem duftigen Geschmack, der etwas von Rosen an sich hat. Im Prinzip ist er nur als Dessertwein geeignet. Sein intensiver Geschmack würde sich mit dem jeder Speise stören. Er wächst im Markgräflerland, in der Ortenau, wo der Traminer auch Clevner genannt wird.

Ich trinke wieder einen Schluck aus meinem Glas. Auf alle guten Weine Badens!

Übrigens Ruländer gibt es auch anderswo. Selbst droben im Norden bei Tauberbischofsheim, im Kraichgau und im Breisgau. Grauburgunder oder Ruländer? Ein Wein, bei dem man genauer weiß, woher er stammt, das ist der Burgunder hier am Kaiserstuhl. Der Kaiserstühler Spätburgunder wurde 1850 von den Gebrüdern Blankenhorn aus dem Weingut Clos Vougeot an den Kaiserstuhl gebracht. Hoch klingt bei Rotweinkennern das Lob auf den Kaiserstühler Rotwein, auf den von Mittelbaden, auf den

Die Rebhänge des Weinortes Durbach in der südlichen Ortenau zwischen Kinzig und Rench. In dieser Gegend wachsen vor allem stoffige, körperreiche Rieslinge und Grauburgunder, die man hier Klingelberger und Clevner nennt. Kenner rühmen die Rotweine dieser Gegend. In weniger guten Lagen wird Müller-Thurgau angepflanzt.

Mit neuem Wein und Zwiebelkuchen möchten wir Sie zu den Herrlichkeiten der badischen Küche einladen. Wer kann da widerstehen!

Affentaler, der eigentlich wegen der Schwestern des Klosters Lichtental Ave-Taler heißt, den Sasbachwaldener, den Kappelrodecker und den Waldulmer. Am bekanntesten ist die „Hex' vom Dasenstein". Aber auch im Kraichgau gibt es beachtliche Rotweine.

Wissen um Sorten. Natürlich enthebt es einen nicht der Problematik, zu entscheiden, welcher Wein jetzt wohl zu welchem Essen paßt. Ist man ganz unsicher, dann greift man zum Weißherbst oder zum Rosé, der paßt eigentlich fast zu allem. Dann gibt es noch immer die alte Regel: Weißwein zu hellem Fleisch, Rotwein zu dunklem Fleisch. Trockene Weine schmecken zum Essen besser als solche, die süß sind. Ist eine Speise mit Wein zubereitet, möglichst den gleichen Wein dazu trinken. Zum Käse paßt am besten Rotwein.

So, und jetzt haben Sie einfach keine Angst. Es paßt das, was schmeckt.

Und übrigens, damit ich es nicht vergesse, in Baden gibt es auch ganz hervorragende Biere. Ich trinke aus, ich hab' Hunger. „Genia, bringen Sie mir bitte die Speisekarte."

Vorspeisen, Suppen und Vesper

Kalbsbriesle

Das Bries ist die Thymusdrüse des Kalbes. Sie liefert die Hormone für das Wachstum. Darum bildet sich die Thymusdrüse beim Erwachsenwerden rasch zurück. Das Briesle ist ein ebenso beliebtes Vesper wie saure Leberle. Als Vorspeise aber etwas Besonderes. Ein Kalbsbriesle wiegt etwa ein Pfund und ergibt drei Portionen.

Die oft weit verstreut liegenden Schwarzwälder Bauernhäuser sind auf Selbstversorgung angewiesen. Alles befindet sich unter einem Dach: Wohnräume, Ställe, Vorrats- und Wirtschaftsräume.

Für 6 Personen
als Vorspeise,
für 4 als Hauptspeise

2 Kalbsbriesle
2 Liter Wasser
Salz
1 Sträußchen Suppengrün
1–2 Eigelb
Semmelbrösel
Butter oder Butterschmalz

Kalbsbriesle außen von Häuten und Adern befreien. Dann für 1/2 Stunde in lauwarmes Wasser legen. Inzwischen Salzwasser mit dem Suppengrün zum Kochen bringen und die Briesle 8–10 Minuten lang kochen. Herausnehmen, in Scheiben schneiden und, solange sie noch heiß sind, die Adern und Flechsen entfernen. Eigelb verquirlen. Die Briesle darin wenden und mit Semmelbröseln panieren. Dann in Butter oder Butterschmalz goldgelb auf beiden Seiten anbraten. Die so zubereiteten Brieslescheiben werden mit grünem Salat, der mit feinem Olivenöl und Balsamikoessig angemacht ist, als Vorspeise serviert.

BADEN
1990
AUGGENER SCHÄF
GUTEDEL
KABINETT TROCKEN
QUALITÄTSWEIN MIT PRÄDIKAT

Badische Schneckensuppe

24 Schnecken aus der Dose
1 Glas trockener Weiß- oder Grauburgunder
1 Zwiebel
2 EL Petersilie
3 Zehen Knoblauch
40 g Butterschmalz
4 EL Mehl
1 Liter Fleischbrühe
Salz
weißer Pfeffer
3 Eigelbe
3 EL süße Sahne
1 trockenes Brötchen für Croutons

Man verwendet der Einfachheit wegen Schnecken aus der Dose. Diese werden in ihrem Sud, dem man 1 Glas trockenen Weiß- oder Grauburgunder beigemischt hat, einmal aufgekocht und müssen 10 Minuten ziehen. Nach dem Erkalten 16 Schnecken, Zwiebel, Petersilie und Knoblauch fein hacken. In 20 g heißem Butterschmalz andünsten. Dann das Mehl darüberstreuen und etwa 5 Minuten unter Rühren angehen lassen. Das Ganze mit der Schneckenbrühe ablöschen und mit der Fleischbrühe auffüllen. Die Suppe muß nun 10 Minuten köcheln. Dann vom Feuer nehmen, mit Salz und Pfeffer würzen. Eigelbe und süße Sahne verrühren und Suppe damit binden, die Suppe darf jetzt nicht mehr kochen. Inzwischen das Brötchen in kleine Würfel schneiden und im restlichen heißen Butterschmalz in einer Pfanne goldgelbe Croutons rösten. Diese auf die Suppenteller oder -tassen verteilen, jeweils 2 ganze Schnecken darauflegen und die heiße Suppe darübergießen.

Schnecken gehören als Vorspeise zu den Köstlichkeiten der Haute cuisine: Sie sind das, was die feinen Leute essen. Und niemand sieht ihnen an, daß sie eigentlich zusammen mit anderen Herrlichkeiten wie Froschschenkeln, Krebsen und auch Fischen ganz allgemein aus dem Repertoire der Armeleuteküchen Europas stammen. Das Wild in Wald und Flur gehörte dem Grundherrn. Er allein hatte das Jagdrecht. Die Jennerweins können ein Lied davon singen. Was dem einfachen Mann übrig blieb, war dann nur die Jagd auf Schnecken.

Grünkernsuppe mit Markklössle

40 g Butter
125 g Grünkerngrieß
1 1/2 Liter kräftige Fleischbrühe
Pfeffer
Muskat
1 Ei nach Belieben

Für die Markklößchen:
80 g Rindermark
2 Eier
70 g feine Semmelbrösel

In der heißen Butter den Grünkerngrieß hellbraun rösten. Mit wenig Brühe ablöschen und in gleichem Maß, wie die Grünkernmasse unter Rühren fester wird, allmählich mit der Brühe auffüllen. Zugedeckt bei schwacher Hitze etwa 40 Minuten köcheln lassen. Mit Pfeffer und Muskat würzen. Man kann in die kochende Suppe ein Ei geben und mit der Gabel flockig schlagen oder die Suppe beim Anrichten mit Sahne verfeinern.
Soll es eine „Hochzeitssuppe" werden, kommen Markklößchen hinein. Dafür wird das Mark gewässert, so daß es reinweiß wird. Dann das Mark durch ein Haarsieb streichen, um alle Knochensplitter zu entfernen, und mit den übrigen Zutaten zu einem glatten Teig vermengen. Daraus mit den Händen etwa kirschgroße Klößchen formen. Sie müssen 1–2 Stunden kühl stehen, damit sie fest werden. Dann die Klößchen in der heißen, nicht mehr kochenden Suppe ziehen lassen. Wenn die Suppe noch kocht, zerfallen die Klößchen.

Seit dreihundert Jahren gibt es Grünkern im Bauland, im badischen Taubergrund. In jener äußersten Nordostecke des alten Badener Landes, die die Lehrer früher „Badisch Sibirien" genannt haben und wo Junglehrer ihre Sporen verdienen mußten. Dinkel ist der nächste Verwandte des Weizens, er wächst dort, wo weder Weizen noch Roggen gedeihen, weil die Witterung zu rauh ist. Sanft ist das Land im Taubergrund, weit, aber der Blick ist verstellt durch kleine Waldflächen, die den Wind abhalten. Dazwischen die Dinkelfelder und wohl auch Zichorie. Boxberg, durch den Kampf der Bauern gegen eine Automobilversuchsstrecke bekannt geworden, und Schweigern sind die Zentren des Grünkernanbaus. Dinkel für Grünkern wird als Winterfrucht angebaut, das heißt im Herbst gesät. Zwei oder drei Wochen vor der eigentlichen Reife wird der Dinkel für Grünkern geerntet. Dann sind die Körner noch weich. Ihr Inhalt läßt sich als grüner Brei herausdrücken. Die „Vesen" genannten Körner, sie stecken in dreifachen Spelzen, werden in riesigen Pfannen gedörrt. Früher über Holzfeuer, heute in heißer Luft.

Krebssuppe nach Grossmutter Sofie

15 kleine Flußkrebse
Salz
1 Liter Fischbrühe oder Fleischbrühe
100 g Butterschmalz
1 Zwiebel
1 EL Mehl
1 trockenes Brötchen
Schnittlauch
6 Eigelbe
6 EL süße Sahne
Muskatblüte

Die Krebse in Salzwasser 3–4 Minuten kochen. Dann die Schwänze herausdrehen und den auf dem Rücken liegenden Darmkanal mit den daranhängenden Innereien entfernen. Auch das Weiße neben den Füßen entfernen. Die Fleisch- oder Fischbrühe zum Kochen bringen. Inzwischen die Krebskörper ohne die Schwänze in einem Mörser kleinstoßen und in Butterschmalz mit der in 4 Teile geschnittenen Zwiebel rösten. Wenn das Butterschmalz schön rot geworden ist, das Mehl darüberstreuen und noch ein wenig mitrösten. Dann die kochende Brühe darübergießen. Sie muß 1/2 Stunde lang kochen. Nun das trockene Brötchen in dünne Scheiben schneiden und diese in Butterschmalz schön goldgelb rösten. Diese kommen in die Suppenteller. Man legt die Krebsschwänze auf die Croutons und bestreut alles mit frisch gehacktem Schnittlauch. Durch ein Haarsieb wird die Suppe in die Terrine gegeben. Die Sahne mit dem Eigelb verrühren und unter die Suppe heben. Mit Muskatblüte und Salz abschmecken und die möglichst heiße Suppe in die Teller geben.

Es war einmal, da war das Wasser in den Schwarzwaldbächen so klar, daß selbst die Menschen ohne Schaden davon trinken konnten. Und unter den Steinen konnten die Buben nach Forellen greifen, zum Ärger des Fischereipächters. Und Krebse lebten darin, viele, viele Krebse. Vor zwei Jahren wurde in unserem Nachbarort eine Kläranlage gebaut, und – was soll ich sagen – im letzten Sommer sah ich beim Spazierengehn in unserem Dorfbach einen Krebs, einen lebendigen Flußkrebs, den ersten in meinem Leben. Vielleicht dürfen wir und die Natur doch noch hoffen.

Gebrannte Mehlsuppe

80–100 g Butterschmalz
120 g Mehl
1 kleine feingeschnittene Zwiebel
2 Liter Fleischbrühe
Salz
Muskat
Rotwein zum Abschmecken
Sauerrahm
eventl. geriebener Sbrinz oder Parmesan

Das Butterschmalz erhitzen. Verwendet man zu wenig Fett, ballt sich das Mehl beim Rösten zusammen. Auf kleiner Flamme unter ständigem Rühren in ca. 1/2 Stunde das Mehl im Butterschmalz zu kastanienbrauner Farbe rösten. Etwa 10 Minuten vor Beendigung des Röstens eine feingehackte kleine Zwiebel beifügen und mitrösten. Mit der Fleischbrühe ablöschen und etwa 2 Stunden köcheln lassen. Damit die Mehlsuppe schmeckt, ist es notwendig, das Mehl sorgfältig zu rösten und die Suppe nach vorgeschriebener Länge zu kochen. Dann wird sie mit einem Schuß Rotwein abgeschmeckt und mit 1–2 EL Sauerrahm angerichtet. Man kann nach Geschmack noch mehr Rotwein dazugeben. Sehr gut schmeckt die Suppe mit geriebenem Sbrinz oder Parmesan (andere Hartkäse ziehen Fäden).

Eigentlich gehört sie zu Basel, die gebrannte Mehlsuppe. Sie ist ein Bestandteil der Basler Fasnet, die bekanntlich acht Tage nach unserer Fastnacht stattfindet. Überbleibsel des alten, des Julianischen Kalenders. Aber die Mehlsuppe wird überall im südlichen Schwarzwald gern gegessen. Sie erinnert auch an eine Zeit, als der Tag nicht mit Kaffee begann, sondern mit einer Morgensuppe, so wie eben in Basel heute noch, an einem Morgen des Jahres, beim Morgenstraich. Manch einer hat sie in Notzeiten hassen gelernt. Dabei kann sie, sorgfältig zubereitet, köstlich schmecken.

Sauerampfersuppe

50 g Sauerampfer
25 g Kerbelkraut
(oder 25 g Kopfsalat)
50 g Butterschmalz
2 EL Mehl
1 Liter Fleischbrühe
3–4 Eigelbe
2–3 EL Sauerrahm
Salz
Muskat

Die Kräuter (Sauerampfer, Kerbel oder Salat) ganz fein hacken oder im Mixer pürieren. In einem Topf das Butterschmalz erhitzen, das Mehl darüberstäuben und unter Rühren eine helle Mehlschwitze herstellen. In diese gibt man die feingehackten Kräuter und läßt sie einen Moment dünsten. Dann mit der Fleischbrühe auffüllen und 10 Minuten köcheln lassen. Die Eigelbe mit dem Sauerrahm verrühren und in die nicht mehr kochende Suppe geben. Mit Salz und Muskat abschmecken und servieren.

Zum ersten Grün, das auf den Wiesen auftaucht, gehört der Sauerampfer. Wenn von Sauerampfersuppe die Rede ist, ist immer wieder auch von Armeleutesuppe zu hören. Das stimmt heutzutage ganz gewiß nicht mehr, in einer Zeit, wo man Sauerampfersuppe und natürlich Sauerampfersößle in teuren Feinschmeckerlokalen essen kann. Ein Freund von mir, leidenschaftlicher Esser und Koch, ging sogar so weit, mit einem Sauerampferversand die monatliche Lieferung von einem Kilogramm Sauerampfer für ein Jahr zu vereinbaren. Besagter Freund ißt allerdings heute keinen Sauerampfer mehr, weder in der einen noch in der anderen Form. Auch seine Familie nicht. So kann man eben alles übertreiben.

Hanauer Kürbissuppe

600 g Kürbis
1 Liter Fleischbrühe
1/4 Liter süße Sahne
Salz
Muskatnuß oder Macis (Muskatblüte)

Den Kürbis schälen, die Kerne entfernen und in etwa 10 cm große Stücke schneiden. Fleischbrühe zum Kochen bringen und Kürbisstücke hineingeben. Sind die Kürbisstücke weich, werden sie durch ein Sieb passiert, am besten benützt man ein Passevite, eine flotte Lotte. Der so gewonnene Kürbisbrei kommt in die Fleischbrühe zurück. Man kann auch die Kürbiswürfel zusammen mit der Fleischbrühe im Mixer pürieren. Nun wird die Sahne beigefügt und nach Belieben mit Salz und Muskat abgeschmeckt. Man kann auch die Kürbissuppe ohne Sahne in die Teller geben und dem einzelnen das Verfeinern überlassen.

Es gibt so ein Gerede von den Augen, die angeblich mitessen. Und es ist wahr, manche Dinge würden nur halb so gut schmecken, sähen sie nicht so appetitlich gelb, orange, rot, golden aus. Dazu gehören Kürbissuppen. Als ich sie meinem Freund Ludwig, der leidenschaftlich gerne kocht, zum ersten Mal präsentierte, fragte er: „Womit hast Du diese Suppe gebunden?“ Er dachte natürlich an Eigelb, aber es war nichts anderes als eine ganz gewöhnliche Kürbissuppe. Ich kannte sie längst aus Italien, und es wäre mir niemals in den Sinn gekommen, sie in einem badischen Kochbuch zu präsentieren, bis ich dann entdeckt habe, daß im Hanauer Land, wo die Kürbisse im Herbst dick und gelb auf den Äckern liegen und an die Schweine verfüttert werden, die Bauersfrauen die Kürbisse nicht nur süßsauer einmachen wie anderswo im Badischen auch, sondern nach demselben Rezept Kürbissuppe kochen wie am südlichen Fuß der Alpen.

Kartoffelsuppe mit Zwetschgenkuchen

KARTOFFELSUPPE
1 kg Kartoffeln
1 1/2 Liter Fleischbrühe
6 Eigelbe
6 EL Sauerrahm
Muskat
2 trockene Brötchen
20 g Butterschmalz

ZWETSCHGENKUCHEN
Für eine Springform von 30 cm Durchmesser:
Für den Hefeteig:
200 g Mehl
40 g Zucker
10 g Hefe
1/8 Liter Milch
60 g Butter
1 Ei
1 Prise Salz
Semmelbrösel
Für den Belag:
1 1/4 kg Zwetschgen, am besten Spätzwetschgen
2 EL Semmelbrösel
100 g Zucker
1 TL Zimt

KARTOFFELSUPPE
Kartoffeln schälen und würfeln. In der Fleischbrühe zum Kochen bringen und weich kochen. Durch ein Sieb passieren und in die Brühe zurückgeben. Wenn die Suppe nicht mehr kocht, die Eigelbe im Sauerrahm verrühren und vorsichtig unter die Suppe ziehen, mit Muskat abschmecken. Die trockenen Brötchen in dünne Scheiben schneiden und in Butterschmalz rösten. Vor dem Anrichten in die Suppenteller legen und Suppe darübergießen. Dazu gibt es Zwetschgenkuchen nach Bühlerart.

ZWETSCHGENKUCHEN
Einen Hefeteig zubereiten. Dafür das gesiebte Mehl in eine Schüssel geben und in die Mitte eine Vertiefung drücken. Darin mit dem Zucker, der zerbröckelten Hefe und etwas angewärmter Milch einen Vorteig anrühren. In der erwärmten Milch die Butter schmelzen und, sobald der Vorteig Blasen wirft, die Milch sowie das Ei und eine Prise Salz dazugeben. Nun alles gut verkneten und zum Gehen an einen warmen Ort stellen. Sobald sich das Teigvolumen etwa verdoppelt hat, noch einmal durchkneten und etwa 1/2 cm dick ausrollen. Die Teigplatte kommt in eine gut eingefettete Springform. Einen Teigrand hochziehen. Teigboden mit Semmelbrösel bestreuen, um den beim Backen austretenden Zwetschgensaft aufzusaugen. Die gewaschenen, entsteinten und in Viertel geschnittenen Zwetschgen darauflegen. Den Kuchen etwa 45–60 Minuten in dem auf 175 °C vorgeheizten Backofen backen. Rand der Springform entfernen und Kuchen mit einer Mischung aus Zucker und Zimt bestreuen. Noch warm zur Suppe essen.

Wenn der Oktober kam und auf dem Markt die Zwetschgen wohlfeil waren, dann gab es bei uns wenigstens einmal in der Woche Kartoffelsuppe mit Zwetschgenkuchen. Das heißt, der Zwetschgenkuchen wurde nicht nach der Kartoffelsuppe sozusagen als Dessert gegessen, sondern zur Kartoffelsuppe wie andernorts zum Kaffee. Kartoffelsuppe kann man auf viele Arten machen. Die einfachste ist, den übriggebliebenen Kartoffelbrei von gestern mit Fleischbrühe aufzukochen. Eines ist allen Kartoffelsuppen gemeinsam: Sie müssen dick sein.

Bibeliskäs'

1 kg Magerquark
1/2 Liter süße Sahne
1 Zwiebel
1 Bund Schnittlauch
Salz
Pfeffer

Den Quark durch ein Haarsieb streichen, dadurch wird er locker. Dann die Sahne steif schlagen und unter den Quark heben. Die Zwiebel und den Schnittlauch ganz fein schneiden und dazumischen. Mit Salz und Pfeffer abschmekken. Man kann anstatt Schnittlauch auch andere grüne Kräuter wie Kerbel, Liebstöckel oder Borretsch fein hacken und mit dem Quark vermischen.

Man meint oft, die Schwarzwälder hätten sich in der guten alten Zeit vor allem von Speck ernährt. Dem ist nicht so. Das Speckessen ist überhaupt erst um die Jahrhundertwende, als es den Bauern besser ging, in Mode gekommen. Bis dahin bestand das traditionelle Vesper des Schwarzwälders aus Brot und Käse, wie es für ein Land mit Milchwirtschaft ja auch ganz normal ist. Im Schwarzwald gibt es eigentlich nur Weichkäse. Mir ist kein Hartkäse wie etwa Emmentaler, Greyerzer, Tilsiter oder Appenzeller bekannt, der je bei uns produziert worden wäre. Wohl aber wunderbare Rahmkäse und der Bibeliskäs'. Mein Onkel Karl aß, solange ich ihn kannte, jeden Abend eine Schüssel voll Bibeliskäs' mit Schnittlauch und Zwiebeln, Schwellkartoffeln und frischer Butter. Warum heißt der Bibeliskäs' eigentlich Bibeliskäs'? Wurden die Bibeli (Küken) auf dem Hof mit diesem Käs' gefüttert? Ich möchte eher glauben: Nein. Denn dazu wären Schwarzwälder zu sparsam. Bibeliskäs' kann eine ganz feine Delikatesse sein zu Brot oder zu Kartoffeln. Dieses Rezept kommt aus dem Murgtal.

Saure Kutteln

Als Vesper für 6,
als Hauptspeise für
4 Personen

1 kg Kutteln
1/2 Zwiebel
40 g Butterschmalz
50 g Mehl
3–4 EL Tomatenmark
1/2 Liter Fleischbrühe
Salz
Pfeffer
2–3 EL trockener Wein
(Riesling oder Silvaner)
1 EL Weinessig
Petersilie

Die beim Metzger gekauften vorgekochten Kutteln waschen und in feine Streifen schneiden. Die kleingeschnittene Zwiebel in Butterschmalz glasig dünsten, dann die Kuttelstreifen hinzugeben und etwa 15 Minuten unter Rühren leicht anbraten. Dann mit Mehl bestäuben und weiterrühren.
Nach etwa 10 Minuten das Tomatenmark beigeben und mit der Fleischbrühe ablöschen. Nun müssen die Kutteln noch etwa 1/2 Stunde köcheln. Danach mit Salz, Pfeffer, Wein und Essig abschmecken. Vor dem Servieren feingehackte Petersilie darübergeben.
Wie zu allen Gerichten mit viel Sauce schmecken auch zu Kutteln Salzkartoffeln.

In Baden heißen sie Kuttle, *anderswo sagt man* Kuttelfleck *oder* Sulz *dazu, die Franzosen sagen* Tripes *und die Italiener* Tripa, *sie sind eben ein internationales Armeleuteessen. Denn die Mägen des Rindes gehören überall zu den billigen Fleischsorten, die sich der einfache Mann leisten kann. Das Rind ist bekanntlich ein Wiederkäuer. Um seine Nahrung, Gras und Wiesenkräuter, für die Ernährung aufzuschließen, benötigt es mehrere Mägen, in die die zu verdauende Nahrung gelangt, nachdem sie zwischendurch immer mal wieder durchgekaut worden ist. Diese Mägen haben in ihrem Inneren Hautfalten und Zotten, die die Magenoberfläche vergrößern, um den Verdauungsvorgang zu verstärken. Die Metzger kochen Kutteln nach dem Schlachten und verkaufen sie vorgekocht. Die besten Kutteln sind die von Kälbermägen, eine wahre Delikatesse.*

Nierle flambiert

600 g Kalbsnierle
1 EL Butter
3–4 Schalotten
1 EL feingehackte Petersilie
1 EL Mehl
3–4 EL guter Cognac
Salz
schwarzer Pfeffer
aus der Mühle
etwas Sahne nach Belieben

Nierle 1/2 Stunde in lauwarmes Wasser legen. Dann von Fett und Häuten befreien. Der Länge nach aufschneiden und auch im Innern die Adern herausnehmen. Dann in feine blättrige Scheiben schneiden. In einer Pfanne die Butter erhitzen und die feingeschnittenen Schalotten darin glasig dünsten. Zum Schluß die feingehackte Petersilie mitdünsten. Dann kommen die Nierenscheibchen hinzu, die man so lange in der heißen Butter wendet, bis sie nicht mehr rosa aussehen. Sie werden mit Mehl überstäubt. Dann den Cognac dazugießen (Wer am Cognac spart, ist selber schuld! Nur der beste französische Markencognac ist gut genug.) und flambieren. Mit Salz und Pfeffer aus der Mühle abschmecken.
Nach Geschmack die Sauce mit etwas Sahne verfeinern.
Ein Gemüsereis schmeckt gut dazu.

Nierle sind nicht jedermanns Sache. Vor allem Frauen fürchten den etwas strengen Geruch, der beim Zubereiten unweigerlich auftritt. Das macht aus den Nierle fast so etwas wie eine Domäne kochender Männer. Mir hat mein Freund Anton die Augen oder besser gesagt die Geschmacksknospen der Zunge für Nierle geöffnet. Dies ist sein Rezept.

70 cl

SAURE LEBERLE

600 g frische Kalbsleber
Milch
6 EL feingehackte Schalotten
40 g Butterschmalz
3 EL Mehl
1/8 Liter Fleischbrühe
1/8 Liter trockener Silvaner
Salz
Pfeffer aus der Mühle
1 Prise Zucker
4 EL Sauerrahm
Petersilie zum Garnieren

Übrigens:
„Saure Leberle" darf man in der Pfanne auf den Tisch bringen, weil jeder Temperaturverlust dem Geschmack schadet.

Die Kalbsleber 1/2 Stunde in Milch legen, daß sie gerade bedeckt ist. Trockentupfen, Häute entfernen und in schmale Streifen schneiden. In einer Pfanne die Schalotten in einer Hälfte des Butterschmalzes glasig dünsten, die Leber dazugeben und von allen Seiten unter stetem Wenden höchstens 4 Minuten anrösten. Vorsicht: Die Leberstücklein sollten innen rosa bleiben. Brät man sie zu lange, werden sie hart. Leber und Schalotten auf einer vorgewärmten Platte im Backofen warm stellen. Den Rest des Butterschmalzes in der Pfanne mit dem Bratfond erhitzen, das Mehl dazugeben und unter ständigem Rühren braun anrösten. Mit der angewärmten Fleischbrühe ablöschen. Unter ständigem Rühren den Wein hinzufügen, aufkochen lassen und etwa 5 Minuten köcheln. Mit Salz, Pfeffer, 1 Prise Zucker und dem Sauerrahm abschmecken. Die Leber mit den Schalotten und dem Sauerrahm hineingeben. Das Ganze muß noch 2 Minuten köcheln. Beim Anrichten feingehackte Petersilie darüberstreuen.
Am besten schmecken sie mit „Brägel" (Bratkartoffeln) oder mit Brot.

Als die Menschen noch Zeit hatten und sich noch Zeit ließen, als die Arbeit noch kein Job war, sondern eine Aufgabe, die man ruhig und gelassen anging, da begab sich der Handwerker am Morgen zwischen neun und zehn Uhr (er hatte ja um sieben zu arbeiten begonnen) in den „Löwen", in die „Traube" oder in den „Hirschen", um dort, zusammen mit anderen, etwas „z'Nüne zne". Dies bestand zunächst einmal aus einem Viertele Wein und einem Vesper. An Schlachttagen war das ein „saures Leberle".

HEGER
BADEN
WINKLERBERG
1990
SILVANER
Trocken
750 ml

Vogtsburger Spinatkuchen

Für ein rechteckiges Backblech

600 g tiefgefrorener Blätterteig

Für die Füllung:
1 kg feingehackter frischer Spinat (oder 600 g tiefgefrorener)
20 g Butterschmalz
1 Zwiebel
4 Knoblauchzehen
100 g Reibkäse, am besten Sbrinz oder Parmesan
250 g Schichtkäse oder abgetropfter Quark
4 Eier
Salz
Pfeffer aus der Mühle
Koriander
Muskatnuß oder Macis (Muskatblüte)

Tip:
Vorsicht mit Spinat! Am besten nicht aufheben und vor allem nicht aufwärmen. Man kann für diesen Kuchen anstelle von Blätterteig auch einen gewöhnlichen Hefeteig verwenden.

Blätterteig auftauen lassen.
Für die Füllung: Den frisch gekochten und gehackten oder aufgetauten Spinat in einem Haarsieb abtropfen lassen. Butterschmalz in einem Topf erhitzen, darin die feingehackte Zwiebel und die feingehackten Knoblauchzehen glasig dünsten. Den abgetropften Spinat hinzugeben und bei mittlerer Hitze etwa 10 Minuten dünsten lassen. Dann in einer Schüssel abkühlen lassen. Käse, Eier und die Gewürze mit einer Gabel daruntermischen. Mit Salz abschmecken.
Inzwischen ein Kuchenblech mit dem Blätterteig belegen, dabei einen Rand von 2 cm hochziehen. Mit einer Gabel den Boden mehrmals einstechen, damit es beim Backen keine Blasen gibt. Dann die Spinat-Käse-Masse gleichmäßig auf dem Teig verteilen. Zum Schluß den Kuchen mit einer weiteren Blätterteigschicht bedecken. Die Ränder der oberen und der unteren Teigschicht durch Zusammendrücken vereinigen. Backofen auf 220 °C vorheizen und Kuchen 40 Minuten backen. Er muß warm serviert werden. Gutedel schmeckt dazu oder Silvaner, aber auch ein trockener Grauburgunder.

Wenn mir einer als Kind gesagt hätte, eines Tages würde auch ich gerne Spinat essen, ich hätte ihn glatt ausgelacht. Doch längst gehört Spinat neben Spargel und Bohnen zu meinen Lieblingsgemüsen. Aber ich glaube, das hängt etwas mit der altersbedingten Veränderung unseres Geschmackssinns zusammen. Je älter man wird, desto lieber ißt man bitter. Von den vielen schönen Sachen, die man zum Wein essen kann, gehört ganz bestimmt der Spinatkuchen zum Feinsten. Ob er so ganz aus dem Schwarzwald stammt, weiß ich nicht. Vielleicht hat ihn ein Griechenland- oder Türkeireisender mitgebracht. Ich habe ihn mitten im Kaiserstuhl in einem Restaurant an der Landstraße zu essen bekommen.

Badischer Zwiebelkuchen

Für eine Springform von 30 cm Durchmesser

Für den Teig:
500 g Mehl
1 TL Salz
10 g Hefe
1 Prise Zucker
1 EL lauwarmes Wasser
50 g Butter
200 ml Milch

Für den Belag:
150 g Speckwürfelchen
500 g feingehackte Zwiebeln
Salz
Pfeffer
3 Eier
200 ml süße Sahne
Butter für die Form

Für den Teig: Mehl und Salz in eine Schüssel sieben. Hefe und Zucker zusammen im Wasser auflösen. Butter schmelzen und zuerst mit der Milch, dann mit der aufgelösten Hefe vermischen. Diese Mischung mit dem Mehl verkneten und den Teig 1/2 Stunde an einem warmen Ort gehen lassen.
Für den Belag: Die Speckwürfelchen in einer Pfanne erhitzen. Wenn sich genügend Fett gebildet hat, den braun gebratenen Speck herausnehmen und die Zwiebeln in dem Fett glasig dünsten. (Man kann auch die Speckwürfelchen in einer Pfanne mit wenig Wasser erhitzen und das Wasser abgießen. So nimmt man dem Speck seine Schärfe und macht das Ganze bekömmlicher. Selbstverständlich müssen dann die Zwiebeln in Butterschmalz angebraten werden.) Mit Salz und Pfeffer würzen und abkühlen lassen. Eier mit der Sahne verrühren und mit den Zwiebeln und den Speckwürfelchen zu einer gleichmäßigen Masse verrühren.
Den Teig ausrollen und eine mit Butter eingefettete Springform damit so belegen, daß ein Rand entsteht. Mit der Gabel den Boden mehrmals einstechen. Die Zwiebelmasse gleichmäßig darauf verteilen. Den Kuchen 30–35 Minuten im auf 200 °C vorgeheizten Backofen backen.

Herbst am Kaiserstuhl. Die Sonne ist müde und trägt einen Pelz aus Nebel. Fallende Blätter an Kastanienbäumen und Reben. Reife Trauben. Weinlese. Auf den Straßen haben die Traktoren schmierigen Lehm verteilt. Vor den Kellern stehen Wagen mit Zubern voll Trauben. Es riecht nach Hefe und Gärung und dazwischen jäh der Geruch von Zwiebelwaihe. Es gibt ihn noch oder besser, es gibt ihn wieder, den Zwiebelwaihen: Teig vom wöchentlichen Brotbacken, dünn ausgewallt mit Zwiebeln und Speck und Sahne darauf. Im Holzofen mit dem Brot gebacken. Federweiser gehört dazu. Jener junge Wein mit einem Rest von Süße, viel Alkohol und der milchigen Farbe der noch andauernden Gärung. Kein Süßer!

Gemüse, Beilagen und Salate

Spargel mit Strübli und Schinken

Für den Spargel:
2 kg frischer daumendicker Spargel
4 Liter Wasser
1–2 EL Salz
2 TL Zucker
1 EL frische Butter
geschmolzene Butter
8–12 dünne Scheiben gekochter Schinken
8–12 Scheiben roher Schinken
feingeschnittener Schnittlauch

Für die Strübli:
200 g Mehl
1/8 Liter Milch
2 Eier
Salz
40 g Butterschmalz
Butterschmalz zum Braten
Brotscheiben zum Entfetten

Für die Holländer Sauce:
1 1/2 EL Mehl
3 EL Wasser oder Spargelbrühe
1 TL Essig
1 TL Zitronensaft
5 Eigelbe
Salz
1/2 Liter Spargelbrühe
90 g in Flocken geschnittene frische Butter

Für den Spargel: Spargel waschen, vom Kopf her schälen, das holzige Ende abschneiden. Salzwasser mit Zucker und Butter zum Kochen bringen. Je etwa 500 g Spargel mit weißem Baumwollfaden zu einem Bündel zusammenbinden. Diese Bündel in das kochende Salzwasser geben. Das Wasser mit den Spargeln soll nun nur noch ganz leise köcheln. Je nach Dicke sind die Spargel nach etwa 15–20 Minuten gar. Aber sie müssen noch Biß haben (man kann einen Spargel außerhalb der Bündel dazu verwenden, den richtigen Moment zu finden). Schlaffe Spargel sind eine Sünde. Dann kommen die Spargel auf eine angewärmte Platte. Die Fäden entfernen, geschmolzene Butter darübergießen und ein wenig feingeschnittenen Schnittlauch darüberstreuen.
Dazu gibt es eine Platte mit rohem und gekochtem Schinken, Strübli und Holländer Sauce.
Für die Strübli: Das gesiebte Mehl mit der Milch, den Eiern, Salz und den 40 g geschmolzenem Butterschmalz verrühren. Butterschmalz in einer Pfanne erhitzen. Nun einen Teil des Teiges in einen Trichter geben (es gibt auch spezielle Strübli-Trichter) und schneckenförmig von innen nach außen in die Pfanne laufen lassen. Das Strübli sollte etwa 12 cm Durchmesser haben. Man bäckt es von beiden Seiten goldgelb und entfettet es auf Brotscheiben.
Für die Holländer Sauce: Im kochenden Wasserbad in einem Topf Mehl und Wasser glattrühren. Mit dem Schneebesen unter kräftigem Schlagen die übrigen Zutaten hinzugeben. Dabei nach und nach die Butterflöckchen beigeben.

Längst haben wir verlernt, uns im Frühling auf den ersten grünen Salat oder die ersten gelben Rübchen zu freuen. Weltweiter Handel sorgt für ein Angebot, das nicht nach der Jahreszeit fragt. Doch eine Ausnahme gibt es noch, trotz den Importen aus Mexiko und Chile mitten im Winter: den frischen Stangenspargel, der in der badischen Rheinebene wächst, rund um Schwetzingen, Bruchsal, Hügelsheim, den Tuniberg. Frischen Stangenspargel, wenn's geht am selben Tag gestochen, gibt es eben nur in der kurzen Zeit zwischen April und Juni. Und darauf kann man sich wirklich noch freuen.

Buebeschpitzle
Schupfnudeln

BUEBESCHPITZLE
1 kg frisch gekochte Kartoffeln
2 Eier
100 g Mehl
Salz
Muskat
Butterschmalz
Semmelbrösel nach Belieben

SCHUPFNUDELN
400 g Roggenmehl (Type 815)
1/4 Liter Wasser
Zum Abkochen:
3 Liter Wasser
2 EL Salz
Butterschmalz zum Braten

BUEBESCHPITZLE
Die frisch gekochten Kartoffeln so heiß wie möglich schälen und durch eine Kartoffelpresse drükken. Mit den übrigen Zutaten auf einem Nudelbrett zu einem Teig verarbeiten, aus dem man etwa 10 cm lange, fingerdicke Buebeschpitzle rollt. Sie werden kurz vor dem Servieren in heißem Butterschmalz 6–8 Minuten braun gebraten. Man kann aber die Buebeschpitzle auch mit weniger Fett zubereiten, indem man sie in kochendes Salzwasser gibt, was im Hinblick auf die grassierende Angst vor dem Dickwerden empfehlenswert ist. Nachdem sie abgekühlt sind, in heißem Butterschmalz goldbraun backen oder aber auch einfach mit in Butter gerösteten Semmelbröseln abschmälzen.

SCHUPFNUDELN
Roggenmehl und Wasser zu einem festen Teig verarbeiten. Salz sollte man nicht dazugeben, weil die Schupfnudeln sonst im Kochwasser zerfallen. Nun „schupft" man aus dem Teig mit bemehlten Händen die bereits von den Buebeschpitzle bekannte Form, je dünner, desto besser. Ideal sind bleistiftdünne Schupfnudeln. Diese kommen in kochendes Salzwasser, und zwar portionsweise. Wenn sie gar sind, schwimmen sie an die Oberfläche. Mit dem Schaumlöffel herausnehmen und zum Erkalten auf eine Platte legen. Dann in der Pfanne in heißem Butterschmalz goldbraun braten. Sauerkraut gehört auf alle Fälle dazu.

Wenn ich Gäste habe, vor allem aus dem Ausland oder aus dem nördlichen Inland, was ja dasselbe ist, gehe ich gerne mit ihnen ins Rebland essen. Dann wird gefragt nach Beilagen, ob es Nudeln sein sollen oder Kartoffeln oder Reis oder Buebeschpitzle. Jetzt gilt es vor allem den anwesenden Damen klarzumachen, daß Buebeschpitzle wenigstens von der Form her genau das sind, was das Wort bedeutet. Machen Sie das einmal einer Griechin klar oder aber einer feinen englischen Lady! Nun werden Sie einwenden, das ließe sich auch feiner ausdrücken: Schupfnudeln! Und in der Tat behaupten selbst qualifizierte Kochbücher, Schupfnudeln und Buebeschpitzle seien ein und dasselbe. Dem ist aber nicht so. Buebeschpitzle bestehen im wesentlichen aus Kartoffeln, Schupfnudeln aus Roggenmehl.

Nudeln

400 g Mehl
Salz
4 Eier

Tip:
Man rechnet als Grundrezept pro Person 100 g Mehl, 1 Ei und 2 g Salz. Allerdings hängt die Zahl der Eier auch von ihrer Größe ab. Bei 4 Eiern wurde von der Gewichtsklasse 4 ausgegangen.

Das Mehl auf ein Nudelbrett sieben. In die Mitte eine Vertiefung drücken und die aufgeschlagenen Eier und das Salz hineingeben. Von der Vertiefung ausgehend zunächst mit den Fingern, dann mit der Hand Ei und Mehl vermischen. Den so entstandenen Teig so lange kneten, bis er sich von den Händen und vom Nudelbrett löst. Nudelbrett frisch einmehlen und den Teig in drei Teile teilen. Jeweils zu einem dünnen, etwa 2 mm dicken sogenannten „Teigplätz" ausrollen. Die Teigplatten auf einem ausgebreiteten Tuch 1 Stunde trocknen lassen. Dann auf der Arbeitsplatte jede Teigplatte mit Mehl bestäuben, locker zusammenrollen und mit einem scharfen Messer etwa 1 cm breite Nudeln abschneiden. Auf dem Nudelbrett locker ausbreiten und erneut etwa 1 Stunde trocknen lassen. In einem großen Topf Salzwasser zum Kochen bringen und die Nudeln 3–4 Minuten im sprudelnden Wasser kochen lassen. Abgießen und sofort servieren.

Samstagnachmittag daheim. Zum Mittagessen hatte es wie immer Samstagsfleisch gegeben, mit allem, was dazu gehört. Nach dem Essen räumte meine Mutter zuallererst den Tisch ab, den Küchentisch natürlich, an dem wir an Werktagen immer gegessen haben. War die Küche blitzblank, zog sie sich zu einem Schläfle zurück, von dem sie nach einer Dreiviertelstunde wieder erschien. Nun galt es, eine der wichtigsten Vorbereitungen für den Sonntag zu treffen: Nudeln zu machen. Stand ein Familienfest bevor, dann erreichte das Nudelmachen schier professionelle Ausmaße. Mutter legte über die prächtigen, hochgewölbten Federbetten im elterlichen Schlafzimmer weiße Damasttischtücher, auf denen die „Teigplätze" für zwei bis drei Stunden zum Trocknen ausgelegt wurden, während sie den sonntäglichen Gugelhupf gebacken hat. Dann wurden die Teigplätze wieder geholt. Sie wurden auf dem Nudelbrett einzeln zusammengerollt und mit einem scharfen Messer geschnitten. Von einem Plätz machte Mutter ganz dünne Nudeln für die Nudelsuppe. Die anderen Plätze wurden etwa einen Zentimeter breit geschnitten für das Hauptgericht. Es waren die besten Nudeln der Welt.

Kartoffelklösse
Rahmkartoffeln

KARTOFFELKLÖSSE
750 g am Tag zuvor gekochte Kartoffeln
2 trockene Brötchen
40 g Butter
1 EL feingeschnittene Zwiebeln
1 EL feingeschnittene Petersilie
2 Eier, 1 EL Salz
Muskat nach Belieben
3–4 EL Mehl

Zum Abkochen:
4 Liter Wasser
3 EL Salz

Zum Abschmälzen:
30 g Butter
1 EL Semmelbrösel

Tip:
Wenn die Klöße zerfallen, das passiert übrigens mit Sicherheit, wenn die Kartoffeln nicht am Vortag gekocht wurden, sondern erst kurz vorher, dann kann man sie retten, indem man ungefähr 1 Tasse frische Milch in das Salzwasser gibt.

RAHMKARTOFFELN
1 kg festkochende Salatkartoffeln („Mäusle")
3/4 Liter Wasser, Salz
50 g Butter, 75 g Mehl
1/4 Liter Milch
1/2 Liter Fleischbrühe
1/8 Liter süße Sahne
Petersilie

KARTOFFELKLÖSSE
Kartoffeln schälen und in eine Schüssel reiben. Brötchen in etwa 1/2 cm große Würfel schneiden, in 20 g Butter goldgelb rösten und zu den Kartoffeln geben. Zwiebeln und Petersilie in der restlichen Butter kurz dünsten, zusammen mit den Eiern und dem Salz zu der Kartoffelmasse geben. Etwas Muskat gibt den Klößen Charakter. Mehl dazugeben. Die Menge des Mehles richtet sich nach der Jahreszeit. Im Herbst braucht man mehr Mehl als im Frühjahr. Alles gut vermischen. Mit mehlbestäubten Händen einen Probekloß machen und in das kochende Salzwasser geben. Hält der Kloß zusammen, formt man auf die gleiche Weise Klöße mit einem Durchmesser von etwa 5 cm. Sie kommen in das leise strudelnde Salzwasser und sollten im geschlossenen Topf mehr ziehen als kochen.
Sie sind fertig, wenn sie oben schwimmen, sicherheitshalber einen Kloß probieren, dann mit dem Schaumlöffel herausnehmen. Butter in einer Pfanne erhitzen, Semmelbrösel dazugeben, kurz anrösten und über die Klöße geben.
Variation: Das Allerfeinste sind Kartoffelklöße, die vom Mittagessen übriggeblieben sind und die am Abend in dünne Scheiben geschnitten in Butter angeröstet werden. Als ich noch ein kleiner Bub war, bedeuteten sie für mich zusammen mit Apfelmus das höchste Glück.

RAHMKARTOFFELN
Wichtig ist, daß die Kartoffeln nicht mehlig sind und beim Kochen nicht zerfallen. Die Kartoffeln schälen, in messerrückendicke Scheiben schneiden und im Salzwasser nicht ganz weich kochen, sie sollen noch etwas Biß behalten. Abgießen und warm stellen. Die Butter schmelzen, Mehl darüberstreuen und unter Rühren eine helle Mehlschwitze herstellen. Sobald das Mehl nach frischgebackenem Brot riecht, zunächst mit der heißen Fleischbrühe, dann mit der Milch unter ständigem Rühren ablöschen und mit Salz abschmecken. Flüssigkeit gut durchkochen. Nun die Kartoffelblättchen hineingeben. Kurz vor dem Anrichten Sahne und feingehackte Petersilie dazugeben.

Kratzete und Dummis

Als Beilage für 6 Personen

8 Eier
500 g Mehl
1/2 Liter Milch
Salz
50 g Butter
Butterschmalz zum Backen

Die Eier trennen. Aus Mehl, Milch und Eigelb unter Zugabe von Salz einen glatten Teig rühren. Das Eiweiß zu steifem Schnee schlagen und unter den Teig heben. Butter in einer Pfanne schmelzen und ebenfalls vorsichtig unter den Teig mischen. Sie darf nur gerade geschmolzen sein. In einer Bratpfanne etwas Butterschmalz erhitzen, nur eben so viel, daß der Boden dünn bedeckt ist. Den Teig wie beim Pfannkuchenbacken schöpflöffelweise in die Pfanne geben und ausbacken, bis er hellbraun ist. Dann umdrehen und mit Hilfe einer Gabel und der Bratschaufel zerreißen (daher der Name Kratzete), bis die Stücke 2–3 cm groß sind und goldgelb ausbacken. Sie kommen auf eine Platte und werden zum Warmhalten zugedeckt in den Ofen gestellt.
Verwendet man die Eier, ohne Eischnee herzustellen, gibt es „Dummis“. Der Pfannkuchen wird für Dummis in ganz kleine Würfel geschnitten, die knusprig braun gebraten werden. Dummis waren vor der Kartoffel ein Grundnahrungsmittel im Schwarzwald.

Kratzete sind eine klassische Beilage zu Spargeln. „Ha“, wird der aufmerksame Leser sagen, „und warum, bitte schön, nennen sie dann bei den Spargeln ‚Strübli‘ als Beilage?“ Nun, weil in Hügelsheim, zumindest in den Häusern, wo ich dort den frischen Spargel zu essen pflege, Strübli serviert werden. Außerdem drohen Strübli andernorts vergessen zu werden, also ist der Chronist doch verpflichtet, das Rezept weiter zu überliefern. Und Kratzete gibt es im Badischen ja überall dort, wo es Spargel gibt: in Schwetzingen, in Bruchsal, im Rebland und der Freiburger Bucht.

Grünkernküchle

1/2 Liter Fleischbrühe
250 g Grünkerngrieß
oder -schrot
Butterschmalz zum Braten
2 Zwiebeln
1 Knoblauchzehe
2 EL Petersilie
2 Eier
4 EL Semmelbrösel
Salz
Pfeffer
Muskat

Die Fleischbrühe zum Kochen bringen und unter kräftigem Rühren den Grünkerngrieß langsam hineinrieseln lassen. Unter Rühren auf kleinem Feuer etwa 15–20 Minuten quellen lassen, bis die Flüssigkeit aufgesaugt ist und die Masse zusammenhält. In einer Pfanne Butterschmalz erhitzen. Zwiebeln, Knoblauch und Petersilie fein hacken. Die Zwiebeln und den Knoblauch glasig dünsten, Petersilie dazugeben und kurz mitdünsten. Etwas abkühlen lassen, mit dem Grünkern, den Eiern, den Semmelbröseln, Salz, Pfeffer und geriebenem Muskat gut vermischen, so daß ein fester Teig entsteht. Aus diesem mit den Händen handtellergroße, etwa 2 cm dicke Küchle formen. Küchle beidseitig im heißen Butterschmalz etwa 2 Minuten braten, bis sie schön braun sind.
Grünkernküchle schmecken gut als Beilage zu einem Braten, oder sie bilden zusammen mit einem Salat ein einfaches Abendessen.

Das Kochen mit Grünkern fand über lange Jahre im wesentlichen nur in Form von Grünkernsuppe statt. Erst durch die Vollwertkost wurde dieser Getreideart wieder mehr Beachtung geschenkt. Dabei haben unsere Großmütter mit den Grünkernküchle schon so etwas wie einen Vorläufer dessen gekocht, was die Vollwertküche auf Neudeutsch „Grünkernbratling" nennt und für ihre eigene Erfindung hält. Welcher Mensch badischer Herkunft mag denn einen „Bratling" essen? Ein „Bratling", das klingt wie reine Kalorienzufuhr, wie freudlose Nahrungsaufnahme, wie Abfütterung. Für einen Badener aber ist Essen etwas, das das Leben schöner macht. Darum nennt man sie hier auch liebevoll „Grünkernküchle", und Grünkernküchle, die eß ich gern. Begonnen hat es mit einer Tochter, die kein Fleisch essen mag, und der Aufgabe, für die Familie ein Weihnachtsmenü zu kochen. Während die übrigen Mitglieder Schäufele und Kartoffelsalat bekamen, wie sich das an Weihnachten auch so gehört, suchte und fand ich in Mutters Kochbuch als Alternative zu Fleischgerichten ein Rezept für Grünkernküchle, also bekam die Tochter zum Kartoffelsalat Grünkernküchle. Die neugierige übrige Familie probierte natürlich auch davon, fand sie wunderbar und verlangt seitdem ebenfalls Grünkernküchle, allerdings als Beilage zum Braten.

SPÄTZLE UND KNÖPFLE

400 g Mehl
etwa 8 Eier
Salz

Zum Schmälzen:
Butter
Semmelbrösel

Tip:
Die großzügige badische Hausfrau nimmt so viele Eier wie erforderlich sind, um aus der vorgegebenen Menge Mehl ohne Wasserzugabe, also 400 g für 4 Personen, eine zähflüssige Teigmasse herzustellen, in der Regel benötigt sie 8 Eier der Gewichtsklasse 4 dazu.

Variante:
Irgendwo habe ich einmal Spätzle zu essen bekommen, die über einer Schicht goldener Bratkartoffeln angerichtet waren, welche zusammen mit Grieben angebraten wurden. Eine wunderbare Kombination.

In einer Schüssel Mehl, Eier und Salz verrühren und so lange mit dem Kochlöffel schlagen, bis sich große Blasen bilden. In einem großen Topf etwa 4 Liter Wasser mit 3 Eßlöffeln Salz zum Kochen bringen. Etwa immer 2 Eßlöffel Teig auf ein Spätzlebrett (sich nach vorn verdünnendes Holzbrett) geben und mit einem scharfen, jedoch geraden Messer (kein Sägeschnitt) dünne Teigwürstchen ins kochende Wasser schaben. Sobald die erste Portion verarbeitet ist, das Messer in das kochende Wasser tauchen, den Teig mit dem Messer auf dem Brett nach hinten streichen, so daß die Teigschicht ganz dünn ist. Auch das dünne Ende des Brettes kommt von Zeit zu Zeit ins Wasser, damit die Spätzle gut gleiten. Die Spätzle werden portionsweise im kochenden Wasser gegart. Sobald sie an die Oberfläche steigen, sind sie fertig. Mit einem Schaumlöffel herausnehmen und kurz unter fließend kaltem Wasser abschrecken, damit sie nicht zusammenkleben. Gut abtropfen lassen und auf einer Platte warm stellen, bis die anderen Portionen fertig sind. Zuletzt werden sie mit geschmolzener Butter, in der Semmelbrösel geröstet wurden, abgeschmälzt.

Manche meinen, Knöpfle sei ganz einfach der Schwarzwälder Name für Spätzle. Nun herrscht, wie jedermann weiß, eine gewisse brüderliche Differenz zwischen Schwaben, sprich Württembergern, und Alemannen, sprich Badenern. Die ersteren halten die letzteren für Hallodris, sprich für verschwendungssüchtig, die letzteren halten die ersteren für Griffelspitzer, will sagen für sparsam. Aus badischer Sicht läßt sich der Unterschied spielend am Spätzlerezept darstellen. Die Schwaben machen den Spätzleteig unter Verwendung von Ei und warmem Wasser. Die Badener verwenden ausschließlich Ei als flüssigen Bestandteil des Teiges. Was aber die Knöpfle betrifft, so sind sie, wenn man es recht betrachtet, die deutschen Verwandten einer italienischen Teigwarenspezialität, nämlich der Gnocchi, was man ja am Namen noch gut hören kann. Die Knöpfle wurden früher mit Hilfe eines Knöpflehobels hergestellt, ein fester Spätzleteig wurde durch eine Art Sieb mit runden Löchern gepreßt, so daß tropfenförmige Teiggebilde entstanden.

Löwenzahnsalat
Feldsalat mit Kracherle

LÖWENZAHNSALAT
200 g frische, junge Löwenzahnblätter
50 g geräucherter Speck
1 Schuß Essig

FELDSALAT
200 g Feldsalat
2 EL guter Weinessig
2 EL feines Olivenöl
Salz
Pfeffer
1 Knoblauchzehe
2 Scheiben Roggenbrot
2 EL Butterschmalz zum Anbraten

LÖWENZAHNSALAT
Den Löwenzahn putzen und waschen. Je nachdem, wie bitter man ihn mag, läßt man ihn kürzer oder länger in lauwarmem Wasser liegen, das ihm Bitternis entzieht. Den Speck in kleine Würfelchen schneiden und in einer Pfanne auslassen, mit einem Schuß Essig ablöschen und warm über den Löwenzahn geben. Meist genügt das Salz des Specks.

FELDSALAT
Den Feldsalat putzen und sorgfältig waschen. Essig und Öl mit Salz und Pfeffer verrühren. Eine Salatschüssel mit der Knoblauchzehe ausreiben. Den gut abgetropften Salat in die Schüssel geben, mit der Salatsauce vermischen.

Das Roggenbrot in kleine Würfel schneiden, im erhitzten Butterschmalz anrösten, bis es schön knusprig ist. Brotwürfelchen auf den Salat geben.

Er war so gut wie das erste frische Grün im Jahr, das man früher, als es noch keine Gewächshäuser und weltweiten Gemüsetransporte gab, essen konnte: der Löwenzahnsalat. Er dient auch der Blutreinigung, indem er den Körper entwässert. Pisse en lit *sagen die Franzosen dazu, und im Badischen heißt das brutal übersetzt „Bettseichersalat“. Man sollte ihn selbst sammeln, obwohl es längst eine Edelform zu kaufen gibt. Natürlich pflückt man die kleinen Pflanzen nicht gerade dort, wo Hunde Gassi gehen und Autos Blei und anderes abladen. Bis er zu blühen beginnt, können die Blätter gegessen werden, fein schmecken auch die Knospen. Feldsalat heißt bei uns auch „Sunnewirbele“, anderswo heißt er Ackersalat, Nüßlisalat, Rapunzelsalat.*

Beilagen für badisches Ochsenfleisch

SÜSS-SAURE KÜRBISSE
(Vorrat für den Winter)
3 kg Kürbisschnitze
1/2 Liter Wasser
3/4 Liter Weinessig
1 1/2 kg Zucker
3–4 Zimtstangen
1 Handvoll Nelken

SÜSS-SAURE ZWETSCHGEN
(Vorrat für den Winter)
1 1/2 kg feste Zwetschgen
1/4 Liter Weinessig
1/8 Liter Weißwein
750 g Zucker
1 Zimtstange
3 Nelken
1 kleines Lorbeerblatt

MEERRETTICHSAUCE
1/2 Stange Meerrettich
50 g Butter
50 g Mehl
1/4 Liter Milch
1/4 Liter Fleischbrühe
1 Prise Zucker

Tip:
Weitere Beilagen für badisches Ochsenfleisch sind: Rahnensalat (Rote Bete), Preiselbeeren; Salzkartoffeln, wenn mit Meerrettichsauce angerichtet wird, sonst passen Rahmkartoffeln gut.

SÜSS-SAURE KÜRBISSE
Kürbis schälen und in längliche Stücke in der Größe von Pommes frites schneiden. Wasser, Essig und Zucker verrühren und zum Kochen bringen. Kürbisstücke, Zimtstangen und Nelken zufügen und das Ganze 4 Minuten kochen lassen. Danach in Einmachgläser füllen und 30 Minuten bei 80 °C einkochen.

SÜSS-SAURE ZWETSCHGEN
Die Zwetschgen sollten noch fest und nicht zu reif sein. Am besten verwendet man Spätzwetschgen. Zwetschgen trockenreiben und auf einer Seite zum Kern einschneiden. In einem Topf Essig, Weißwein, Zucker und die Gewürze aufkochen. Die Zwetschgen in den kochenden Sud geben. Das Ganze noch einmal aufkochen, dann die Zwetschgen mit einem Schaumlöffel herausnehmen und in Einmachgläser füllen. Den Zuckeressig durch weiteres Kochen eindicken und dann über die Zwetschgen gießen und in einen gut gewaschenen und ausgebrühten Steinguttopf oder ein Einmachglas legen. Dann die Zwetschgen abkühlen lassen, Cellophanpapier zum Sterilisieren durch Zwetschgenwasser oder durch 90%igen Weingeist ziehen, über den Steinguttopf oder das Glas legen und zubinden.

MEERRETTICHSAUCE
Meerrettichstange waschen und schaben, so daß sie schön weiß wird. Meerrettich fein reiben, möglichst am offenen Fenster. Zum Meerrettichreiben gehört das Weinen dazu. Beim Reiben muß die Stange senkrecht gehalten werden, weil der Meerrettich sonst faserig wird. Wird der Meerrettich nicht sofort verarbeitet, mit Milch in eine Schüssel geben oder sofort mit etwas Mehl bedecken, sonst wird er schwarz. In einem Topf die Butter schmelzen und darin den Meerrettich 5–8 Minuten dünsten. Dann Mehl darüberstäuben und weiterrühren, nach weiteren 5 Minuten mit der Brühe und der Milch ablöschen. Nun mit Salz und einer Prise Zucker würzen. Je nach Schärfe muß nun der Meerrettich in gut verschlossenem Topf noch etwas köcheln.

alc.7,5%vol.

FISCHE

Beschwipste Forelle

Die Wehra ist wie noch fast alle Schwarzwaldbäche ein Tummelplatz für Forellen.

4 Forellen zu je ca. 200 g (es können auch Zuchtforellen sein)
Salz
Saft von 1 Zitrone
6–8 Schalotten
200 g Champignons
6–8 schwarze Pfefferkörner
etwa 3/4 Liter badischer Rieslingsekt
20 g Butter
1 TL Mehl
1/4 Liter süße Sahne

Die Fische unter fließendem Wasser ausnehmen, reinigen und trockentupfen. Innen und außen salzen, mit Zitronensaft beträufeln und 15 Minuten ziehen lassen. Forellen in eine Auflaufform legen. Die in Scheiben geschnittenen Schalotten, die blättriggeschnittenen Champignons und die Pfefferkörner dazugeben. Das Ganze mit so viel Sekt auffüllen, daß die Fische gerade bedeckt sind, die Menge des Sektes richtet sich nach der Größe der Forellen und der Auflaufform. In den auf 200 °C vorgeheizten Backofen stellen und je nach Größe der Forellen 10–20 Minuten garen. Die Fische sind fertig, wenn sich die Rückenflossen ohne Widerstand herausziehen lassen. Vorsichtig aus dem Sektsud herausnehmen und auf einer warmen Platte beiseite stellen. Pfefferkörner aus dem Sud nehmen. Butter und Mehl mit einer Gabel gut vermischen, in den Sud geben und binden. Mit der Sahne abschmecken. Etwas heiße Sauce über die Fische geben, den Rest in einer Sauciere servieren. Ganz feine Nudeln schmecken wunderbar dazu.

Natürlich gehören Forellen zu jenen Speisen, die man am liebsten nur in ihrem reinen Eigengeschmack genießt. Wenn man sie unbedingt verfeinern will, dann darf das nur mit Zutaten geschehen, deren Geschmack ebenso fein und zurückhaltend ist wie das zarte Forellenfleisch: Wein, Sahne, Schalotten, Champignons. Das Rezept hier habe ich von einer lieben Freundin.

Rheinfeldener Hecht in Rahm überbacken

1 Hecht von ca. 1–1,5 kg
Salz
Saft von 1 Zitrone
Butter
1 Zwiebel
50 g geriebener Parmesankäse
2 EL Semmelbrösel
ca. 80 g Butterschmalz
1/2 Liter Sauerrahm
1 TL Kartoffelmehl
Nach Belieben: gehackte Sardellen

Den Hecht schuppen, ausnehmen und gut waschen. Dann mit Küchenkrepp trockentupfen. Mit einem scharfen Messer die Bauchgräten vorsichtig vom Rückgrat losschneiden, ohne den Fisch weiter zu verletzen (ich empfehle, die Küchenschere zu verwenden). Der Fisch wird innen und außen mit Salz bestreut und mit Zitronensaft beträufelt. Danach sollte er etwa 1 Stunde ruhen. Eine Kasserolle mit Butter gut ausstreichen und den Fisch aufrecht auf dem Bauch hineinlegen (die Bauchlappen nach beiden Seiten aufklappen). Die Zwiebel auf dem Reibeisen fein reiben und den Fisch mit dieser Zwiebelcreme bestreichen. Dann Parmesankäse mit den Semmelbröseln vermischen und darüberstreuen. Zerlassenes Butterschmalz darüberträufeln und den Sauerrahm darübergeben. In dem auf etwa 120 °C vorgeheizten Backofen etwa 30 Minuten garen, bis der Fisch eine schöne Farbe angenommen hat. Von Zeit zu Zeit mit dem Sauerrahm vorsichtig begießen. Der Hecht ist gar, wenn sich die Rückenflosse leicht herausziehen läßt. Fisch herausnehmen, auf eine Platte legen und warmstellen. 1 Teelöffel Kartoffelmehl mit etwas Sauerrahm verrühren und mit dem Inhalt der Kasserolle aufkochen. Nach Belieben einige gehackte Sardellen in den Sud geben und mit dem Sauerrahm mit Kartoffelmehl aufkochen lassen. Sauce durch ein Sieb passieren und zum Fisch auf die Platte geben. Salzkartoffeln schmecken dazu.

Die Lektüre alter Kochbücher ist für den phantasiebegabten Esser eine kulinarische Freude ganz eigener Art. Einer meiner Freunde hat mir einmal gesagt, er brauche eigentlich nur ein Stück trockenes Brot und ein Kochbuch, um sich kulinarisch zu erfreuen. In einem alten badischen Kochbuch habe ich dieses Rezept gefunden.

Baden
0,75 Liter

Karpfen in Bier nach Klosterart

Die zweitürmige Barockkirche St. Märgen des ehemaligen Augustinerklosters ist eine gern besuchte Wallfahrtskirche des Schwarzwaldes mit einem Muttergottesgnadenbild des 14. Jahrhunderts.

1 mittelgroßer Karpfen
1 Flasche dunkles Bier
Wasser
1 Zwiebel
1 Lorbeerblatt
2 Nelken
6–8 Pfefferkörner
Zitronenschale
Salz
1 Würfel Zucker
Pfeffer
1 TL Butter
20 g Mehl

Karpfen schuppen, ausnehmen und gut waschen. In vier Stücke schneiden und in eine Kasserolle legen. Dann gerade soviel Bier und Wasser in gleichen Teilen dazugießen, daß die Karpfenstücke knapp bedeckt sind. Die Zwiebel mit dem Lorbeerblatt und den Nelken spicken, die Pfefferkörner, die in Spiralform abgeschälte Zitronenschale, Salz und Zucker dazugeben und das Ganze etwa 1/4 Stunde bei voller Hitze zugedeckt kochen lassen. Dann die Fischstücke herausnehmen und warm stellen. Den Sud abseihen, mit Salz und Pfeffer abschmecken. Butter und Mehl mit einer Gabel zu einem Kügelchen verkneten, in den Sud geben und damit binden. Den Fisch in dieser Sauce anrichten, mit Salzkartoffeln und mit feingeschnittenem, in Butter gedünstetem Lauch servieren.
Ein trockener Grauburgunder oder ein Glas Bier schmecken gut dazu.

Er ist eigentlich ein rechter Festtagsfisch, der Karpfen. In Klöstern und Schlössern wurde er in ganz speziellen Teichen gehalten. Heute ist er vor allem an Silvester beliebt, weil seine Schuppen, im Geldbeutel mitgetragen, für das gesamte neue Jahr Geld und Glück versprechen.

HAUSBRAUEREI
FEIERLING

Salm gekocht

1 Zwiebel
1 Lorbeerblatt
2 Nelken
3/4 Liter Wasser
1/4 Liter Weinessig
1 Glas trockener Weißwein (Riesling oder Elbling)
Salz
1 Karotte
6–8 Pfefferkörner
1 kg Salm (das beste Stück von Salm und Lachs ist der Teil zwischen Bauchhöhle und beginnendem Schwanz)
Saft von 1/2 Zitrone

Für die Sauce:
1 EL Butter
1 EL Mehl
1/4 Liter Fischsud
Salz
Pfeffer
4 EL süße Sahne nach Belieben

Zwiebel schälen und mit dem Lorbeerblatt und den Nelken spikken. Aus Wasser, Essig, Wein und den übrigen Zutaten einen Sud bereiten und zum Kochen bringen. Den gewaschenen Fisch mit Zitronensaft beträufeln und in den kochenden Sud geben. Nun die Hitze reduzieren und den Fisch etwa 30 Minuten sanft köcheln. Man serviert ihn mit einer weißen Fischsauce oder beträufelt ihn mit geschmolzener frischer Butter. An einem heißen Tag schmeckt der gekochte Salm auch kalt mit einer Vinaigrette. Gut paßt dazu ein Glas von dem trokkenen Wein, mit dem gekocht wurde.
Für die Sauce: Sud durchpassieren. Butter bei mittlerer Hitze zerlassen, Mehl hineinstreuen und unter Rühren anschwitzen. Mit dem Sud nach und nach unter Rühren ablöschen, würzen und nach Belieben mit Sahne verfeinern.

Was ist eigentlich der Unterschied zwischen Salm und Lachs? Es ist derselbe Fisch, aber früher nannte man den Lachs Salm, der den Fluß hinaufschwimmt, um in den klaren Quellbächen zu laichen, Lachs nannte man den Fisch, der den Fluß nach dem Laichen hinunterschwimmt. Heutzutage kommt der Lachs und damit auch der Salm von weit her. Aus Norwegen vor allem, wo er in den Fjorden in riesigen Käfigen gezogen wird. Ich persönlich ziehe den irischen und den schottischen vor, der zwar auch in Netzkäfigen, aber immerhin noch im offenen Atlantik gehalten wird.

Gebratene Lachsscheiben in Sauerampfersauce

Alles fließt, auch bei der Hexenlochmühle im Gutachtal. Das Element Wasser prägt die vielen Gesichter des Schwarzwaldes: In Bächen und Flüssen, in Bergseen und Mooren, auch als heilendes Wasser in Baden-Baden, Badenweiler, Herrenalb, Griesbach, und es gibt den Fischen Lebensraum. Ob eines Tages wieder Lachse in den Bergbächen erscheinen werden?

4 Lachsscheiben
von je ca. 200 g
Salz
Pfeffer aus der Mühle
Saft von 1 Zitrone
Mehl zum Bestäuben
Butterschmalz zum Braten

Für die Sauce:
1 Handvoll Sauerampfer
1 Strauß Petersilie
20 g Butter
1–2 EL Mehl
2 Tassen Fischsud oder
Brühe
4 EL süße Sahne

Die Lachsscheiben salzen und pfeffern, mit Zitronensaft beträufeln und mit etwas Mehl bestäuben. Im heißen Butterschmalz auf beiden Seiten etwa 5 Minuten goldbraun braten und warm stellen.
Für die Sauerampfersauce: Sauerampfer zusammen mit der Petersilie am besten im Mixer fein hacken. In einem kleinen Topf Butter erhitzen und die feingehackten Kräuter hineingeben. Kurz andünsten, Mehl unter Rühren dazugeben und mitdünsten. Nach kurzer Zeit mit Fischsud oder Brühe ablöschen. Sauce mit der Sahne verfeinern. Sauce über die Lachsscheiben geben und mit schmalen Nudeln servieren. Gutedel schmeckt gut dazu.

Badische Hechtklösschen

Für die Klößchen:
250 g Hechtfleisch
2 Brötchen
ca. 1/4 Liter Milch
150 g Butter
4 Eier
Pfeffer aus der Mühle
Salz
Muskat
feingehackte Petersilie

Für die Sauce:
etwa 250 g Hecht- und sonstige Fischgräten
20 g Butter
2 EL Lauchstreifen
2 EL feingehackte Champignons
1 EL feingehackte Petersilie
4 EL Weißwein (Silvaner oder Riesling)
1/2 Liter Wasser
3/8 Liter Sauerrahm
Salz
weißer Pfeffer
2 EL feingehackter Dill

Für die Klößchen: Hechtfleisch am Rückgrat beginnend vom Hecht wegschneiden und mit der Pinzette alle Gräten entfernen. Gräten für den Sud aufbewahren. Brötchen mit Milch übergießen und einweichen. Aus dem Hechtfleisch, der Butter, den ausgedrückten Brötchen, den Eiern, den Gewürzen und der Petersilie am besten im Mixer eine homogene Masse herstellen. Aus dieser Masse mit einem Eßlöffel Klöße formen, die etwas kleiner als Eier sind. Diese Klöße in siedendem Salzwasser etwa 10 Minuten vorsichtig garziehen lassen, nicht kochen.
Für die Sauce: Eine Fischbrühe bereiten. Dafür die Gräten in der Butter andünsten, Lauch, Champignons und Petersilie mitdünsten. Dann den Wein und das kalte Wasser hinzugeben. Auf kleiner Flamme diesen Sud 1/2 Stunde köcheln lassen. Dann durch ein Haarsieb passieren und etwa auf 1/4 Liter einkochen. Den Sauerrahm hinzugeben, mit Salz und Pfeffer abschmecken. Ganz zum Schluß den Dill in die Rahmsauce geben, die nun nicht mehr aufkochen darf, damit der Dill seine schöne grüne Farbe behält. Auf einer Platte die Hechtklößchen in dieser Sauce anrichten. Reis schmeckt dazu, genauso wie Nüdele oder selbstverständlich auch Salzkartoffeln.
Ein Glas von jenem Wein, den wir für den Sud verwendet haben, wird dazu getrunken.

Mich beeindrucken Hechte. In einem Süßwasseraquarium kann ich stundenlang einem Hecht zuschauen, wie er fast ohne Bewegung der Flossen durch das Wasser schwebt, drohend wie das Schicksal selbst, das er für kleinere Wasserbewohner ja auch darstellt. Wirklich ein seltsames Tier, voller Lebenskraft und Energie: Ich habe einmal erlebt, wie ein toter Hecht eine ganze Nacht lang versucht hat, nur durch das Zucken seiner Nerven aus der Edelstahlspüle meiner Küche zu entkommen.

BADEN
IHRINGER WINKLERBERG
1990
SILVANER
Kabinett • Trocken

Kretzer nach Öhninger Art

In alten Kochbüchern fehlen Rezepte für Kretzer. Das ist kein Wunder, denn der Kretzer oder der Egli, wie die Schweizer sagen, oder ganz schlicht der Barsch ist ein Fisch, der sich in jüngerer Zeit stark vermehrt hat. Seitdem gibt es viele Kretzer- oder Eglirezepte. Ich kenne ein Lokal am See, das an die zwanzig auf der Speisekarte hat.

800 g Kretzerfilets
Salz
weißer Pfeffer
2 EL Mehl
2 EL Butter
1 Glas trockener Weißwein (Riesling oder Elbling)
1 Zwiebel
je 1 TL frisches Basilikum, Rosmarin, Salbei, Thymian oder die halbe Menge bei getrockneten Kräutern
1/8 Liter süße Sahne
2 EL feingehackte Petersilie

Die Fischfilets salzen, pfeffern und in Mehl wenden. Zwiebel ganz fein hacken. In einer Pfanne die Butter erhitzen, die Filets nebeneinander hineinlegen, wenn die Pfanne nicht ausreicht, eine zweite benützen. Die Filets von beiden Seiten anbraten, mit Wein übergießen, die Zwiebel und die Kräuter darüberstreuen. Auf kleinster Flamme 8 Minuten dünsten. Dann wenden und weitere 7 Minuten dünsten. Fische herausnehmen, auf einer vorgewärmten Platte anrichten und warm stellen. Den Sud noch etwas einkochen. Dann mit der Sahne verfeinern und über die Kretzerfilets gießen. Zum Schluß Petersilie darüberstreuen und mit Salzkartoffeln und grünem Salat servieren.

BADEN
D-7817 Ihringen
0,75l

Fleisch, Wild und Geflügel

Schäufele

Je nach Fleischmenge für 4–8 Personen

1 Schäufele zwischen 1 und 3 kg (je größer, desto saftiger ist es meistens)
1 Zwiebel
1 Lorbeerblatt
3–4 Nelken
1 TL schwarze Pfefferkörner
1 TL Wacholderbeeren

Das Schäufele in einen Kochtopf geben und mit Wasser gerade bedecken. Dazu die mit den Nelken und dem Lorbeerblatt gespickte Zwiebel sowie die Pfefferkörner und die zerdrückten Wacholderbeeren geben. Den Sud ganz allmählich zum Kochen bringen, er darf jedoch nur Bläschen ziehen. Nach etwa 2 Stunden ist das Schäufele gar. Man erkennt es daran, daß sich das Fleisch vom Knochen zu lösen beginnt. Das Fleisch aufschneiden und auf Sauerkraut anrichten. Dazu gibt es selbstgemachten Kartoffelbrei, mit viel Butter schaumig geschlagen und mit Muskatblüte gewürzt.
Zum Schäufele wird häufig auch Kartoffelsalat serviert, der mit der heißen Schäufele-Brühe angemacht und warm gegessen wird.

Wer im Schwarzwald wohnt, muß gut behütet sein. Das tief heruntergezogene Dach, früher aus Stroh oder Schindeln, schützt Mensch wie Tier vor Schnee, Kälte und Wind. Auch wenn diese Häuser von außen etwas düster und in sich gekehrt wirken, drinnen wird viel gearbeitet und ausgiebig gelebt: gebacken, gebrannt, geräuchert, gefeiert.
Die Krönung des bäuerlichen Speisezettels im Schwarzwald ist das Schäufele, die geräucherte Schulter des Schweines, der die Form des Schulterblattes den Namen gibt. Keine Weihnacht, kein Ostern, kein Familienfest ohne Schäufele. In der Vorratskammer des Schwarzwälders gibt es immer ein Schäufele für ein überraschendes Ereignis.

Eingemachtes Kalbfleisch

750 g Kalbfleisch vom Bug
Butterschmalz zum Anbraten
Salz
Pfeffer aus der Mühle
1/2 Liter Fleischbrühe
1 Bund Petersilie
1 Zwiebel
2 Nelken
1 Lorbeerblatt
1 Zitrone
40 g Butter
40 g Mehl
1/4 Liter trockener Weißwein
1/4 Liter süße Sahne
1 Eigelb

Das Fleisch in mundgerechte Würfel schneiden. In ein Sieb geben und mit kochendem Wasser übergießen (blanchieren). Abtropfen lassen und mit einem Tuch oder Küchenkrepp trockentupfen. In einer Pfanne Butterschmalz erhitzen und das Fleisch von allen Seiten anbraten, daß es etwas Farbe annimmt, dann mit Salz und Pfeffer würzen. Auf mittlerer Hitze das Fleisch Saft ziehen lassen. Nach etwa 1/4 Stunde die Hälfte der Fleischbrühe dazugeben, die Petersilie und die mit Lorbeerblatt und Nelken gespickte Zwiebel und eine dicke Scheibe Zitrone dazugeben. Das Ganze bei kleiner Hitze köcheln lassen. Nach 1/2 Stunde aus Butter und Mehl eine Mehlschwitze bereiten, mit der restlichen Fleischbrühe ablöschen, den Wein dazugeben und 1/4 Stunde köcheln lassen. Dann die süße Sahne hineinrühren. Die Sauce mit Salz und Pfeffer abschmecken. Petersilie, Zwiebel und Zitronenscheibe aus dem Fleisch nehmen und das Fleisch für 10 Minuten in die Sauce geben. Es darf aber nicht mehr kochen. Zum Schluß die Sauce mit dem Eigelb binden. Dazu gehören Nudeln, Kopfsalat und ein Gutedel.

Wenn mein Magen wieder einmal verdorben war, etwa weil ich auf einem der Familienfeste zu viel Linzertorte in mich hineingestopft hatte, kochte meine Mutter für mich eingemachtes Kalbfleisch mit Nudeln. Es sah schon so richtig gesund aus: Blaß das Fleisch, fahl die Sauce. Für mich als Kind der Inbegriff der Krankenkost. Welch ein Unrecht! Längst habe ich eingemachtes Kalbfleisch als eine Delikatesse entdeckt, bei der noch nicht einmal die Farbe so trostlos sein muß. Aber gleich beginnt der Streit unter Hausfrauen! Es gibt, was die Zubereitung anbelangt, mindestens zwei Glaubensrichtungen: Kochen oder Dünsten. Ich bin fürs Dünsten.

1990
AUGGENER SCHÄF
GUTEDEL
KABINETT TROCKEN
QUALITÄTSWEIN MIT PRÄDIKAT

Kalbsvögel

4 dünne Kalbsschnitzel
à 125 g
4 dünne Scheiben
Schwarzwälder
Schinkenspeck
150 g Kalbsbrät (Fleischteig für Wurst)
3 EL süße Sahne
1 Eigelb
1 zerdrückte
Knoblauchzehe
Abrieb von 1 Zitrone
Thymian
Salz
Pfeffer aus der Mühle
Butterschmalz
1/8 Liter Fleischbrühe
1/8 Liter Silvaner
3 EL Sauerrahm

Die Schnitzel mit dem Handballen möglichst dünn auseinanderdrükken und mit dem Schinkenspeck belegen. Kalbsbrät, Sahne, Eigelb mit der Knoblauchzehe, dem Abrieb der Zitrone und dem Thymian mischen und mit Salz und Pfeffer abschmecken. Diese Masse kommt auf den Schinkenspeck. Dann werden die Kalbsschnitzel vorsichtig wie Rindsrouladen zusammengerollt und mit Zahnstochern festgesteckt. In Butterschmalz auf allen Seiten schön goldbraun anbraten. Nach und nach die Fleischbrühe und den Wein dazugießen und 10 Minuten schmoren lassen. Die Sauce mit dem Sauerrahm verfeinern und mit schwarzem Pfeffer und Salz abschmecken.

Begegnet bin ich Kalbsvögeln zum ersten Mal an einem Sonntagmorgen vor vielen Jahren am Kaiserstuhl. Der Junglehrer kam aus der Kirche und eine Dorfschöne näherte sich ihm mit den Worten: „Herr Lehrer, hit obend gits bi uns Kalbsvögel, derf ich Sie dezu ilade?“ Die Frage nach dem Grund erübrigte sich im Hinblick darauf, daß ich im blühenden Alter von 22 Jahren stand und gänzlich, also sagen wir so gut wie gänzlich, unbeweibt war. Ein Blumenstrauß ließ sich auftreiben. Ich traf pünktlich ein. Das recht ansehnliche Mädchen war die Tochter des reichsten Weinbauern der Gemeinde. Ihre jüngere Schwester führte mich in die gute Stube, wo für zwei Personen gedeckt war. Und dann brachte sie eine Terrine mit Flädlesuppe, und als die gegessen war eine Platte mit Kalbsvögeln, schaumig geschlagenen Kartoffelbrei gab's dazu und Rosenkohl: Handfeste Beweise dafür, daß das Mädchen kochen konnte. Und der Wein! Ein traumhafter Ruländer (er hieß noch nicht Grauburgunder und war auch noch nicht dem Zuckerwasser liebenden Geschmack von Norddeutschen angepaßt). Ich kam mir vor wie die Maus vor einer Falle, die mit dem schönsten Speck bestückt war, den man sich denken konnte. Wie das Ganze ausging? Ich hab' die Herrlichkeiten in mich hineingeschaufelt und hab' mich bald verabschiedet. Ich hatte damals gerade beschlossen, weiter zu studieren und dem ungeliebten Lehrerdasein ade zu sagen. Dazu braucht man Freiheit. Wer weiß, was sonst heute wäre: Ich tät' am Kaiserstuhl Wein anbauen und meinem Freund Franz Konkurrenz machen.

SEIT 1457
BADEN
1990er
BURKHEIMER FEUERBERG
GRAUER BURGUNDER
SPÄTLESE · TROCKEN
QUALITÄTSWEIN MIT PRÄDIKAT
ERZEUGERABFÜLLUNG · A.P. Nr. 303 20 91
750 ml
WEINGUT BERCHER
D-7818 BURKHEIM · KAISERSTUHL

Wiener Rostbraten

100 g magerer
Schwarzwälder Speck
3–4 Zwiebeln
4 große schöne Rostbraten
(Rumpsteak)
Butterschmalz
2–3 TL Rosenpaprika (süß)
1/8 Liter Fleischbrühe
1/8 Liter Sauerrahm
1/2 TL Mehl nach Belieben
Salz

In einer Kasserolle den in kleine Würfel geschnittenen Speck auf kleiner Flamme angehen lassen. Sobald genügend Fett geschmolzen ist, die feingeschnittenen Zwiebelringe dazugeben und unter fortwährendem Rühren anbraten. Inzwischen die gut geklopften Rostbraten in einer Pfanne beidseitig in Butterschmalz rasch knusprig braun braten. Nun die Kasserolle vom Feuer nehmen und den Rosenpaprika zu Speck und Zwiebeln geben (wird der Paprika mitgebraten, wird er bitter). Nun die Rostbraten auf die Zwiebeln und den Speck legen, mit Fleischbrühe aufgießen und das Ganze bei kleinem Feuer etwa 1–1 1/2 Stunden ganz sanft weichschmoren. Zum Schluß den Sauerrahm dazugießen, in den man, wenn man die Sauce etwas dicker möchte, 1/2 TL Mehl hineinrührt, und kurz leicht köcheln lassen. Dazu schmecken am besten „Bubeschpitzle“.

Als Marie Antoinette, die Tochter der Kaiserin Maria Theresia, siebzehnhundertsoundsoviel nach Frankreich zur Hochzeit mit Ludwig XVI. reiste – die beiden hatten sich vorher nur auf eigens für diesen Zweck gemalten Bildern gesehen –, verbrachte sie die letzte Nacht auf österreichischem Boden, in Freiburg, der damaligen Hauptstadt von Vorderösterreich. Und zum letzten Mal hat sie österreichisch gegessen. Ich stelle mir gerne vor, daß es Rostbraten gab, unter vielen anderen Gängen selbstverständlich. Freiburger essen ihn heute noch gern, den Wiener Rostbraten.

Gefüllte Kalbsbrust nach Frau Mathilde

Für die Füllung:
2–3 trockene Brötchen
1/8 Liter Milch
1 Zwiebel
Petersilie
2–3 Eier
100 g Kalbsbrät (Fleischteig für Wurst)
Salz
Pfeffer
Majoran
Muskat

Für den Braten:
1 vom Metzger vorbereitete Kalbsbrust von ca. 1 kg
Butterschmalz
2–3 Karotten
2 Zwiebeln
1 Lorbeerblatt
2 Nelken
Fleischbrühe

Tip:
Wenn nicht die ganze Füllung gebraucht wird, kann man kleine Küchlein formen und sie in Butter braten. Dies ergibt zusammen mit grünem Salat ein wunderbares Vesper.

Brötchen in dünne Scheiben schneiden und in einer Schüssel mit der kochenden Milch übergießen. 1/2 Stunde einweichen. In etwas Butterschmalz die kleingehackte Zwiebel mit der fein gewiegten Petersilie dünsten. Zwiebeln und Petersilie zu den aufgeweichten Brötchen geben. Das Ganze zusammen mit den Eiern, dem Brät, dem Salz und den Gewürzen zu einer gleichmäßigen Masse verarbeiten. Mit dieser Masse die Kalbsbrust füllen, wobei darauf zu achten ist, daß zu viel Füllung die Brust beim Braten zum Platzen bringen kann. Die Öffnung mit einer Stopfnadel und Zwirn fest zunähen. In einer Kasserolle Butterschmalz erhitzen und die Brust von allen Seiten anbraten (Vorsicht, damit die dünne Haut nicht reißt).
Nach etwa 10 Minuten kommen Karotten, die halbierte Zwiebel, das Lorbeerblatt und die Nelken dazu. Mit einer Tasse Fleischbrühe ablöschen. Kasserolle zudecken und 1 1/2 Stunden in den auf 250 °C vorgeheizten Backofen schieben. Von Zeit zu Zeit mit dem Bratensaft übergießen. Wenn er einkocht, etwas heißes Wasser oder heiße Brühe nachgießen. Nach 1 1/2 Stunden den Deckel herunternehmen und die Kasserolle noch so lange im Backofen lassen, bis sich auf der Oberfläche der Brust eine appetitliche Kruste gebildet hat (ca. 10 Minuten). Wer möchte, kann den Bratensaft mit etwas Brühe verlängern und mit etwas Mehl binden. Man ißt die gefüllte Kalbsbrust gern mit Nudeln.

Es ist sicher kein Zufall, daß die beiden beliebtesten Kalbfleischgerichte Badens eingemachtes Kalbfleisch und gefüllte Kalbsbrust aus billigeren Teilen zubereitet werden. Bei den Bauern wurden Kälber entweder als Nachwuchs für den eigenen Rinderbestand aufgezogen oder aber verkauft, wodurch das meistens knappe Bargeld aufgebessert wurde. Hinzu kam, daß man im Gegensatz zu Schweinefleisch keine Möglichkeit hatte, Kalbfleisch zu konservieren. Wenn ein Kalb notgeschlachtet werden mußte, so wurde das Fleisch möglichst rasch verbraucht. Wenn es Kalbfleisch geben sollte, etwa weil jemand krank war oder wenn ein Fest gefeiert werden sollte, kaufte man es beim Metzger. Und weil das Kalbfleisch teuer war, besonders in gewissen Jahreszeiten, hat man die billigeren Teile verwendet.

Badisches Ochsenfleisch

Für das Fleisch:
Salz
2 große Karotten
2 Stangen Lauch
1/2 Sellerieknolle, möglichst mit Blättern
2 mittelgroße Zwiebeln
500 g Rinderknochen, davon wenigstens ein Markknochen
1 kg Ochsenbrust wie gewachsen (Hochrippe, Brustkern, Brustspitze)

Für die Nudelsuppe:
250 g Fadennudeln
Salz, Pfeffer
Muskat, Schnittlauch

Tip:
Ochsenfleisch schmeckt nur dann, wenn man ein rechtes Stück davon kocht. Außerdem muß genügend Fett am Fleisch sein. Bekanntlich sind Geschmacksstoffe fettlöslich, und ohne Fett schmeckt das Fleisch trocken und nichtssagend. Zum Ochsenfleisch passen auch süßsaure Zwetschgen, süßsaure Kürbisse und Meerrettichsauce. Wird es ohne Meerrettichsauce serviert, schmecken Rahmkartoffeln sehr gut dazu.

Für das Fleisch: Salzwasser mit Gemüse und Knochen in einem großen Topf zum Kochen bringen. Wenn das Wasser sachte zu sprudeln beginnt, das abgewaschene Fleisch hineingeben. So schließen sich seine Poren durch das heiße Wasser sofort und der Saft läuft nicht aus. Das Fleisch 1–2 Stunden sachte köcheln lassen. Herausnehmen und einige Minuten ruhen lassen. In Scheiben schneiden und auf einer Platte anrichten. Ein wenig von der Brühe über das Fleisch gießen. Nach Belieben das Gemüse mit auf der Platte anrichten oder separat.
Für die Nudelsuppe: Fadennudeln in Salzwasser gar kochen. Wenn sie noch ein wenig Biß haben, abgießen und in die Suppenterrine geben. Die heiße Fleischbrühe durch ein Haarsieb gießen. Mit Salz, Pfeffer und Muskat abschmecken. Das Mark aus den Markknochen lösen und dazugeben. Etwas feingeschnittenen Schnittlauch darüberstreuen.
Wenn die Nudelsuppe das Hauptgericht sein soll, stellt man das Fleisch mit dem Gemüse in kaltem Wasser auf (die Poren schließen sich nicht, das Fleisch gibt seine Kraft an die Brühe ab). Außerdem 1 oder 2 Markknochen hineingeben. Das Fleisch so lange kochen, bis es zu zerfallen beginnt. Aus der Suppe nehmen, ebenso die Knochen. Gemüse durch ein Haarsieb streichen und in die Brühe geben. Abschmekken, einen Teil des Fleisches und des Marks und die abgekochten Nudeln in jeden Teller geben, die heiße Brühe darübergießen. Ein Schuß Kirschwasser in jeden Teller macht aus der Nudelsuppe eine kulinarische Besonderheit.

Als die Welt noch halbwegs in Ordnung war, hielten sich zumindest die katholischen Badener an das Freitagsgebot der Kirche. An diesem Tag gab es niemals Fleisch, sondern Fisch oder irgendeine süße Mehlspeise. Am darauffolgenden Samstag gab es ebenso sicher Ochsenfleisch mit Beilagen. Das hatte einen ganz bestimmten Grund: Das gekochte Ochsenfleisch lieferte die Fleischbrühe für die sonntägliche Nudelsuppe, ohne die es in einem badischen Haushalt nicht Sonntag werden konnte. Ähnliches galt für Familienfeste: Hochzeit, Taufe, Erstkommunion, Weihnachten, Ostern. Bei solchen Anlässen waren Nudelsuppe und garniertes Ochsenfleisch immer die ersten beiden Gänge.

WILD-
KIRSCH
EDELBRAND
Ziegler
N°1
43% vol
0,375 l
DEUTSCHES
ERZEUGNIS

Schweinelendchen nach Winzerart

2 kleine Schweinefilets
oder 1 großes
Butterschmalz zum Braten
1 nicht zu dünne Scheibe
gekochter Schinken
2 EL blättriggeschnittene
Champignons
200 g Weißweintrauben
1 Glas trockener Riesling
Salz
Pfeffer
1 Gläschen guter Cognac
1 TL Butter
1 EL Mehl
süße Sahne nach Belieben

Das Filet von Häuten und Fett befreien. In dicke Scheiben schneiden. Die Scheiben klopfen, mit Pfeffer und Salz würzen, in Mehl wenden und in heißem Butterschmalz 7–8 Minuten bei mäßiger Hitze auf beiden Seiten anbraten. Dann im heißen Ofen warm stellen. Im Bratenfond die in feine Streifen geschnittene Scheibe gekochten Schinken anrösten. Champignons und Traubenbeeren dazugeben. Das Ganze etwa 5 Minuten dünsten und mit einem Glas trockenen Riesling ablöschen. Mit Salz und Pfeffer abschmecken, ein Gläschen Cognac hinzugießen. Butter und Mehl zu einem walnußgroßen Stück Mehlbutter verkneten und damit die Sauce binden. Sie kann nach Belieben noch mit Sahne verfeinert werden. Spätzle schmecken gut dazu.

Südlich von Baden-Baden beginnt ein gesegnetes Rebland. Wunderbare Rotweine gedeihen da und Riesling. Der Schwarzwald steigt in die Ebene, Tannen mischen sich mit Rebbergen, so wie in diesem Land der französische Einfluß die Küche bestimmt. Wo gibt es denn noch auf so engem Raum so viele beachtenswerte Gasthäuser? In diesem Rezept sind die geografischen Bedingungen des Landes präsent: die Rebberge mit Trauben und Wein, der Schwarzwald mit Schinken, Frankreich mit Cognac.

Badischer Sauerbraten

Für die Beize:
1 Liter trockener Rotwein
1/4 Liter Rotweinessig
1 Zwiebel gespickt mit
1 Lorbeerblatt und etwa
6 Nelken
2 Karotten
1 kleine Stange Lauch
1 Stück Sellerieknolle
schwarze Pfefferkörner

Für den Braten:
1 kg Rindfleisch
(Hüfte oder Schulter)
Butterschmalz
2 Scheiben Roggenbrot
Salz
Pfeffer
Sauerrahm nach Belieben

Für die Beize: Alle Zutaten verrühren, das Fleisch 4–5 Tage einlegen und kühl stellen, wenn möglich im Keller.
In einer Kasserolle Butterschmalz erhitzen und das abgetrocknete Fleisch von allen Seiten gut anbraten. Das Gemüse aus der Beize nehmen, hinzugeben, mit anbraten und mit der Beize ablöschen. Nun zwei Scheiben Brot in Stükken zum Binden der Sauce dazugeben. Bei reduzierter Hitze den Braten 1 1/2–2 Stunden schmoren lassen. Sobald die Sauce einkocht, ergänzt man sie mit eventuell noch vorhandener Beize oder mit Fleischbrühe. Ist das Fleisch gar, herausnehmen und kurz ruhen lassen. Indessen Sauce durch ein Haarsieb streichen und das Gemüse durchpassieren. Mit Salz und Pfeffer abschmecken und nach Belieben die Sauce mit Sauerrahm verfeinern. Zum Sauerbraten ißt man (selbstgemachte) Nudeln oder Kartoffelklöße.

Seit mindestens 30 Jahren (so lange nämlich bin ich verheiratet) hat mich niemand mehr gefragt: „Was ist Deine Leibspeise?" Als Bub war das völlig klar. Und jede Frage meiner Mutter, was sie wohl am bevorstehenden Weihnachts- oder Osterfest kochen solle oder gar am kommenden Sonntag, wurde von mir blitzartig mit „Sauerbraten und Kartoffelklöße" beantwortet. Dabei ist Sauerbraten nichts anderes als eine Konservierungsverlegenheit aus den Zeiten, als es noch keine Kühlschränke gab. In der Beize hält sich das Rindfleisch bis zu einer Woche. Dann allerdings muß das Fleisch herausgenommen werden, weil es sonst zu sauer wird. Der Badische Sauerbraten unterscheidet sich übrigens von ähnlichen Gerichten aus anderen Gegenden, zum Beispiel dem Rheinischen Sauerbraten oder dem Manzo brasato Oberitaliens, durch die Zusammensetzung der Beize. Sie gibt ihm seinen unverwechselbaren Geschmack.

Schinken in Burgundersauce

Für 8 Personen

1 Rollschinken von etwa 2 kg
1 Liter Burgunder
1 Zwiebel
1 Stückchen Sellerie
1 Sträußchen Petersilie
1 Karotte

Für die Sauce:
50 g Butterschmalz
90 g Mehl
1/4 Liter Tomatensaft
2 1/4 Liter Schinkenbrühe
Salz

Den Schinken in etwa 6 Liter kaltem Wasser langsam zum Kochen bringen. Er sollte etwa 1 Stunde mehr ziehen als kochen (nur kleine Bläschen). Schinken herausnehmen, 2 1/4 Liter Brühe aufbewahren. Soweit der Schinken noch eine Schwarte hat, wird diese entfernt. Schinken in eine entsprechend große Kasserolle legen, den Burgunder, die Zwiebel, das Selleriestückchen, die Karotte und das Petersiliensträußchen hinzugeben.
Die Kasserolle in den auf etwa 180 °C vorgeheizten Backofen stellen. Dort unter mehrmaligem Begießen den Schinken 1 Stunde sanft schmoren lassen. Durch fortwährendes weiteres Begießen mit dem eingedickten Bratenfond den Schinken etwa 10 Minuten vor dem Auftragen glasieren.
Für die Sauce: Das Butterschmalz in einer Pfanne erhitzen, Mehl dazugeben und unter Rühren hellbraun anrösten. Mit dem Tomatensaft und 2 1/4 Liter Schinkenbrühe ablöschen. Diese Sauce etwa 3/4 Stunde bei offenem Topf auf 1/2 Liter reduzieren, mit Salz abschmecken. Zum Bratenfond des Schinkens geben. Aufkochen lassen und die Sauce durch ein Haarsieb streichen. Der Schinken wird in Scheiben geschnitten und auf einer Platte mit der Sauce angerichtet.
Dazu gibt es grüne Bohnen mit einem Hauch Knoblauch und Kroketten.

Vor der Rheinregulierung, zu Beginn des letzten Jahrhunderts, war der Rhein ein breit und langsam in vielen Armen gemächlich dahinfließender Fluß. Manch ein Dorf konnte einmal rechts und einmal links vom Rhein liegen, je nachdem, wie sich der Flußlauf nach dem Frühlingshochwasser ergeben hatte. Das Hinüberkommen von einem Ufer zum anderen mit dem Nachen war keine sonderliche Schwierigkeit. Was Wunder, daß der kulturelle Austausch lebhaft funktionierte. Dazu gehörte natürlich auch das Essen, das in Frankreich spätestens seit Katharina von Medici einen hohen Stellenwert hatte. Französischen Einfluß verrät dieses Rezept, und nicht nur wegen dem verwendeten Wein.

ROTWEIN

Anneles Filetschüssel

Für die Rahmsauce:
1 EL Butter
2 EL Mehl
1/4 Liter kräftige Fleischbrühe
Salz
Pfeffer aus der Mühle
1 Schuß trockener Sherry
100 g frische Champignons
1/8 Liter süße Sahne

Für das Fleisch:
4 kleine Scheiben Schweinelendchen, fingerdick geschnitten
4 kleine Scheiben Kalbslende, fingerdick geschnitten
4 dünne Scheiben Rinderlende
weißer Pfeffer
Butterschmalz
Salz

400 g Spätzle
Butter

Für die Champignonrahmsauce: Die Butter erhitzen, das Mehl darüberstäuben, so lange rühren, bis Butter und Mehl nach frischem Brot riechen. Mit der heißen Fleischbrühe unter ständigem Rühren ablöschen. Die Sauce mit Salz und Pfeffer und einem Schuß trockenem Sherry abschmecken. Dann die in Scheiben geschnittenen Champignons und die süße Sahne dazugeben.
Für das Fleisch: Lendenscheiben mit Salz und Pfeffer würzen. Im heißen Butterschmalz die verschiedenen Lendenscheiben etwa 2 Minuten, nach Wunsch auch länger oder kürzer, auf beiden Seiten anbraten. Darüber wird die Champignonrahmsauce gegeben.
In einer vorgewärmten Schüssel die in Butter geschwenkten Spätzle anrichten.
Die Fleischscheiben aus der Sauce nehmen und darüberlegen. Das Ganze mit der Champignonrahmsauce übergießen.
Dazu serviert man einen Kopfsalat und einen trockenen badischen Weißwein: Riesling, Silvaner, Weißburgunder oder Elbling.

Ich habe das Gericht bei einer meiner Cousinen kennengelernt, die es wahrscheinlich von der Markgräfler Herrschaft hatte, bei der sie einige Jahre Dienstmädchen gewesen war. Wenn wir Annele mal wieder besucht hatten und sie hatte diese Herrlichkeiten serviert, fragte meine Mutter provozierend meinen Vater: „Isch's guet gsi?" Und mein Vater sagte: „S'war scho recht, aber so ä Herreesse muß nit unbedingt si." Damit meinte er, daß er als bescheidener Schwarzwälder das teure Fleisch und die verhältnismäßig raffinierte Zubereitung als übertrieben empfand: ein Herrenessen halt. Herren, das sind auf dem Schwarzwald der Pfarrer, der „Dokter", der Apotheker, der Lehrer, der Notar. Die „Herren" spielten im „Löwen" das „Herrenspiel" Skat, während die Bauern jene Tarockversion spielten, die Zego heißt, die die Schwarzwälder Soldaten auf Napoleons Feldzug gegen Spanien erfunden haben.
Mein Vater hielt nichts von der Lebensart der Herren: „Ma muß wisse, wo ma hinghört!" Und doch sagte er gelegentlich: „Mir sotte mol wieder zum Annele geh." Dann wußten wir, er hatte Lust auf seine Leibspeise.

DR. HEGER
BADEN
1990
SILVANER
Kabinett · Trocken
750 ml

Schweinebraten, Rotkraut und Kastanien

SCHWEINEBRATEN
1 kg Schweinebraten (Hals, Schlegel oder Bug)
1 EL Salz
1 Prise Pfeffer
50 g Butterschmalz
1 Zwiebel, 2 Nelken
1 Lorbeerblatt
1 Karotte
1 Brotrinde
1/4 Liter Fleischbrühe
1 TL Stärkemehl

ROTKRAUT
Schweineschmalz zum Anbraten
1 große Zwiebel
100 g geräucherter Speck
1 mittelgroßer Kopf Rotkraut
1 Flasche trockener Rotwein
2 saure Äpfel
Zimt, Nelken
Muskatblüte, Anis
1–2 EL Johannisbeergelee
Zucker, Salz
Rotweinessig

KASTANIEN
500 g frische Eßkastanien (verwendet man getrocknete, etwa 300–350 g)
50 g Butterschmalz
2 TL Zucker
1/2 Liter Fleischbrühe

SCHWEINEBRATEN
Der Schweinebraten sollte schön marmoriert sein. Fleisch waschen und mit Salz und Pfeffer einreiben. In einer Kasserolle Butterschmalz erhitzen, Zwiebel mit Nelken und Lorbeerblatt spicken. Zwiebel, Karotte und Brotrinde hineingeben. Fleisch auf allen Seiten schön braun anbraten, Kasserolle in den auf 200 °C vorgeheizten Backofen stellen, unter gelegentlichem Begießen mit Fleischbrühe 1–1 1/2 Stunden schmoren lassen. Herausnehmen und 1 Minute auf ein Brett legen. Sauce entfetten. Rest der Fleischbrühe dazugeben, um den Bratenfond vom Boden zu lösen. Sauce mit 1 TL Stärkemehl binden.

ROTKRAUT
In einem Topf Schweineschmalz erhitzen, feingehackte Zwiebel und kleingeschnittenen Speck glasig dünsten. Das feingehobelte Rotkraut daraufgeben und einige Minuten bei geschlossenem Topf dünsten. Mit Rotwein ablöschen. Äpfel schälen, vierteln, Kernhaus entfernen und auf das Kraut legen. Zimt, ganze Nelken, Muskatblüte und etwas Anis darüberstreuen. Rotkraut bei geschlossenem Deckel etwa 1 Stunde sanft köcheln. Es soll durchaus Biß haben. Vor dem Anrichten mit Johannisbeergelee, einem Hauch Zucker und ein paar Tropfen Rotweinessig abschmecken.

KASTANIEN
Kastanien von der braunen Schale befreien. In einem kleinen Kochtopf etwa 3 Finger hoch Wasser zum Kochen bringen. Jede Kastanie ein paar Sekunden mit einem Eßlöffel in das kochende Wasser tauchen, die bittere innere Haut abziehen (ich ziehe dazu Gummihandschuhe an). In einem weiteren Kochtopf Butterschmalz und Zucker unter Rühren erhitzen und den Zucker karamelisieren. Sobald die Butter-Zucker-Mischung braun ist, Kastanien darin bewegen. Zum Schluß kommt (Vorsicht, es spritzt!) so viel heiße Fleischbrühe hinzu, daß die Kastanien bedeckt sind. So lange ziehen lassen, bis die Fleischbrühe eingezogen ist.
Man kann die rohen geschälten Kastanien auch auf das Rotkraut legen und mit diesem zusammen garen (schmeckt nicht ganz so gut!).

Lummelbraten

Butterschmalz
4 Karotten
2–3 Schalotten
125 g roher Schwarzwälder Schinken in dünnen Scheiben
750 g Rinderfilet (Lummel)
1 Lorbeerblatt
2 Nelken
schwarze Pfefferkörner
1/4 Liter Brühe oder Rotwein
1/4 Liter Sauerrahm

In einer Bratpfanne Butterschmalz erhitzen. Darin die halbierten Karotten, die ebenfalls halbierten Schalotten, den rohen Schinken und die Gewürze andünsten. Wenn das Gemüse Farbe angenommen hat, zusammen mit dem Schinken aus der Pfanne nehmen und das Fleisch in dem aromatisierten Fett von allen Seiten anbraten. Bei reduzierter Hitze das Gemüse wieder zum Fleisch geben und den Schinken darüberdecken. Dann mit Brühe oder Rotwein ablöschen. Je nachdem, wie man das Fleisch haben will (durchgebraten, mittel oder blutig), muß die Bratzeit bemessen werden. Wer das Fleisch rosa (also medium) möchte, nimmt es nach etwa 20–30 Minuten heraus und läßt es auf einem Brett kurze Zeit ruhen, damit der Saft im Fleisch stockt.

Dann das Fleisch in fingerdicke Scheiben schneiden und mit dem Gemüse umlegen. Den Bratenfond darübergießen. Über das Fleisch reichlich Sauerrahm geben. Man kann aber auch den Bratenfond mit Sauerrahm verfeinern und über das Fleisch geben. Bei uns daheim gab es Kartoffelbrei dazu und einen Rotwein, zum Beispiel „Hex von Dasenstein".

Als Kind habe ich immer gemeint, jene Herrlichkeit, die Mutter bei ganz besonderen Gelegenheiten kochte, habe etwas mit Lunge zu tun: der Lummelbraten. Tatsächlich aber ist Lummel das Filet des Rindes, das Feinste vom Feinen. Erst als ich eines Tages, es war in Wien, Lunge bestellte, mit Lummelbraten rechnete und etwas für mich Ungenießbares auf den Tisch kam (Beuscherl), erkannte ich meinen Irrtum. Dies hier ist das Rezept meiner Mutter.

BADEN
12% vol

Rehrücken Baden-Baden

Für 4–6 Personen

1 Rehrücken von ca. 2 kg
Wildgewürzsalz (S. 160)

Für die Sauce:
70 g Butterschmalz
Wacholderbeeren
4 Schalotten
1 Karotte
1/4 Stengel Lauch
1 Stück Sellerie
1 Liter Rotwein
(z. B. ein Eisentaler)
Salz
Pfeffer
20 g Butter
2 TL Zucker
1 TL Schokoladenpulver
1 Gläschen guter Cognac

Für die Garnitur:
125 g frische
Traubenbeeren
100 g frische Pfifferlinge
oder aus der Dose
2 Schalotten
100 g durchwachsener
Speck
200 g Eßkastanien
60 g Butterschmalz
etwas Zucker
Salz
6–8 halbe Williamsbirnen
Preiselbeeren

Rehrücken waschen, trockentupfen und sorgfältig häuten. Fleisch vom Knochen lösen. Knochen zerschlagen, damit das Mark offen liegt.
Für die Sauce: Butterschmalz in einer Kasserolle erhitzen. Knochen zusammen mit etwas Wildgewürzsalz, zerdrückten Wacholderbeeren und dem Gemüse darin anbraten. Wenn das Gemüse braun geworden ist, mit Rotwein ablöschen.
In 1 1/2–2 Stunden Sauce einkochen lassen, mit Rotwein ergänzen, so daß etwa 1/4 Liter Sauce übrig ist. Sauce durch ein Haarsieb passieren. Butter schmelzen und Zucker dazugeben, karamelisieren lassen und mit etwas Sauce vorsichtig auflösen (das kann spritzen!). Diese Flüssigkeit zu der Sauce geben. 1 gehäuften Teelöffel Schokoladenpulver mit dem Cognac anrühren und zur Sauce geben. Nun noch 5–10 Minuten sanft köcheln lassen.
Für das Fleisch: Mit Wildgewürzsalz einreiben und in heißem Butterschmalz von allen Seiten etwa 10 Minuten anbraten. Es ist gar (es sollte innen noch rosa sein), wenn bei Druck das Fleisch federt. Fett abgießen, Bratenfond mit der Sauce auflösen. Das Fleisch in die köchelnde Sauce legen und vor dem Servieren etwas ziehen lassen.
Für die Garnitur: Weinbeeren abzupfen, halbieren, Kerne entfernen und in heißem Butterschmalz schwenken. Warm stellen! Pfifferlinge putzen, waschen und zusammen mit feingehackten Schalotten kurz in Butter dünsten. Mit Dosenware genauso verfahren. Speck in feine Streifen schneiden. In einer Pfanne zusammen mit kochendem Wasser ein paar Minuten erhitzen. Wasser abgießen, Speck auf Küchenkrepp abtupfen und in heißem Butterfett schön kroß anbraten. Eßkastanien wie auf S. 150 beschrieben zubereiten. Fleisch aus der Sauce nehmen und für 1–2 Minuten ruhen lassen. Aufschneiden und auf einer vorgewärmten Platte mit Weinbeeren, Speck, Pfifferlingen und Eßkastanien anrichten. Pro Person 1/2 gekochte Williamsbirne, die mit Preiselbeeren gefüllt ist, dazulegen. Etwas Sauce über das Fleisch geben. Die restliche Sauce heiß zu Butternudeln oder Spätzle servieren.

Hahn in Riesling

2 junge, kleine Hähnchen
80–100 g Butterschmalz
1 Handvoll frische Perlzwiebelchen
250 g kleine Champignons
1/2 Flasche trockener Riesling (z. B. Neuweierer)
Salz
Pfeffer
1 Sträußchen Petersilie
1/8 Liter süße Sahne
3–4 Eigelbe
Zitronensaft
1 Schuß Cognac
etwas feingehackter Estragon

Zunächst werden die Hähnchen in Portionsstücke geteilt (4 Schenkel, 4 Flügel, 4 Bruststücke, 4 Rückenstücke). Dann diese im Butterschmalz in einer Bratpfanne etwa 15 Minuten leicht anbraten, bis sie eine goldene Farbe angenommen haben. Herausnehmen und auf einer Platte im Ofen warm stellen. In die Pfanne die Perlzwiebelchen und die blättriggeschnittenen Champignons geben und 5 Minuten im Bratenfond dünsten. Dann kommen die Geflügelstücke wieder dazu und das Ganze wird mit dem Riesling aufgegossen. Salzen und pfeffern, ein Sträußchen Petersilie dazugeben. Die Pfanne zudecken und die Hähnchen 30 Minuten bei kleiner Flamme gardünsten. Dann das Fleisch, die Zwiebelchen und die Pilze auf einer großen vorgewärmten Platte anrichten. Die Sauce durchseihen und auf kleiner Flamme unter ständigem Rühren mit den mit Sahne verquirlten Eigelb vorsichtig binden. Sie darf unter keinen Umständen mehr kochen, weil sonst das Eigelb stockt. Zum Schluß die Sauce mit ein paar Tropfen Zitronensaft, einem Schuß Cognac und dem ganz fein gehackten Estragon verfeinern.

Irgendwann ist er einmal über den Rhein geflogen, der „Coq au vin", und hat sich in einen „Hahn in Riesling" verwandelt. Ist es ein Wunder? Geht nicht das Weinland Frankreich fast ohne Unterbrechung in das Weinland Baden über? Und muß nicht hüben wie drüben ein echter Feinschmecker auf den Gedanken kommen, zartes Hähnchenfleisch mit dem Geschmack eines kräftigen Weines zu parfümieren? Kommt das Tier in Burgund noch in Rotwein, so ist es im Elsaß schon der Silvaner, in Baden aber der einheimischste aller badischen Weine, der Riesling. Wenn man die Schwarzwälder Küche als naturbelassen, ursprünglich, einfach, ohne Schnickschnack, den Eigengeschmack der zubereiteten Speisen bewahrend definiert, so kann man beim Genuß eines Mistkratzerles entdecken, wie früher einmal ein Hähnchen geschmeckt hat. Ja, damals durften sie noch auf dem Misthaufen, im Gras und im Garten nach Käfern und Würmern scharren. Auch heute gibt es diese glücklichen Scharrer noch, man muß sie nur suchen.

Wilde Ente

1 Wildente
3 Stangen Bleichsellerie
2 Karotten
4 Zwiebeln
Butterschmalz zum Anbraten
2 Knoblauchzehen
Salz
Pfeffer
1 Glas trockener Weißwein (Riesling oder Elbling)
6 Frühlingszwiebeln
Oregano (wenn möglich frisch)
etwas Muskat

Die Ente in 8 Stücke teilen. Diese waschen und in fließendem Wasser 30–60 Minuten liegen lassen, damit sie etwas ihren Wildgeschmack verliert. Bleichsellerie fein hacken, die Karotten grob hacken, ebenso die Zwiebeln. Dann kommt das Gemüse in eine Kasserolle und wird in Butterschmalz bei kleiner Flamme angedünstet. Die kleingeschnittenen Knoblauchzehen nach kurzer Zeit hinzufügen. Nach etwa 20 Minuten die abgetrockneten Entenstücke zu dem Gemüse legen und leicht anbraten. Mit Salz und Pfeffer würzen. Nach weiteren 20 Minuten den Weißwein dazugeben. Die Frühlingszwiebeln und den Oregano fein hacken und über Fleisch und Gemüse geben. Das Ganze kommt für 1 1/2 Stunden in den auf 100 °C vorgeheizten Backofen. Nicht zudecken! Nüdele passen dazu oder ganz einfach Weißbrot und ein trockener Riesling.

Wenn der Rhein bei Basel seine Fließrichtung ändert, liegt die große Ebene vor ihm, die Oberrheinische Tiefebene zwischen Schwarzwald und Vogesen. Zehntausende von Jahren lang hat die Ebene ihm gehört. Er füllte sie mit den Steinen und dem Sand aus den Alpen, er legte seinen Lauf dahin und dorthin, wie es sich in jedem Frühjahr bei der Schneeschmelze ergab. Ruhig und still floß er durch die weiten Auwälder. Zu Beginn des 19. Jahrhunderts haben ihn die Menschen dann in ein festes Bett gezwungen und die Oberrheinische Tiefebene zu dem gemacht, was sie heute ist: ein weiter Garten, fast sicher vor dem Hochwasser des Rheins. Geblieben sind die Altrheinarme als eine Art Erinnerung an die früher unberührte Landschaft in den schmalen, noch verbliebenen Waldzonen rechts und links des gebändigten Flusses. Dort gibt es noch Paradiese für Vögel und Fische, dort kann man auf die Jagd gehen nach wilden Enten, die noch frei fliegen und schwimmen und die die Kraft des wilden Tieres in ihrem Fleisch haben.

EHEMALIGES HOFGUT DER ZISTERZIENSERINNENABTEI
NÄGELSFÖRSTER HOF
D-7570 VARNHALT · BADEN BADEN

Ortenauer Hasenstückle

1 Hase von ca. 1 1/2 kg
200 g fetter Speck
80 g Butterschmalz
1 Sträußlein Petersilie
1 Zweig Thymian
2 große Zwiebeln
1 Karotte
1 Knoblauchzehe
2 EL Mehl
1 1/2 Liter mittelbadischer Rotwein
Wildgewürzsalz
1 Lorbeerblatt
Salz
Pfeffer
1 EL Schokoladenpulver
1 Gläschen guter Cognac

Für das Wildgewürzsalz (auf Vorrat):
70 g Meersalz
10 g Majoranpulver
10 g Korianderpulver
5 g Thymianpulver
5 g Basilikumpulver
5 g Muskatblüte
5 g geriebener Muskat
3 g Rosmarinpulver
gemahlener schwarzer Pfeffer

Den Hasen in Portionsstücke teilen. Falls er noch Leber, Herz und Nieren besitzt, so werden diese herausgelöst und zum Schluß zubereitet. Speck in grobe Würfel oder Streifen schneiden und in einer Pfanne mit heißem Wasser erhitzen. Dann Wasser abschütten und Speck mit Küchenpapier abtupfen. In einer Kasserolle Butterschmalz erhitzen und Speckwürfel darin braten. Wenn sie schön knusprig sind, mit einem Schaumlöffel herausnehmen und auf einem Teller aufbewahren. Nun Hasenstücke in das Butterschmalz legen und von allen Seiten schön anbraten. Fleischstücke herausnehmen und beiseite stellen. Im Bratfett bei ganz kleiner Hitze die feingehackte Petersilie und den Thymian zusammen mit den feingehackten Zwiebeln (1/3 der Zwiebeln für die Innereien aufbewahren) und der kleingeschnittenen Karotte sowie der zerdrückten Knoblauchzehe andünsten. Mehl darüberstäuben und mit Rotwein ablöschen. Mit etwas Wildgewürzsalz würzen und das Lorbeerblatt beifügen. Nun diese Sauce im offenen Topf 1/2 Stunde köcheln lassen. Dann die Hasenstücke in die Sauce geben. Mit Salz und Pfeffer abschmecken. Einen Eßlöffel Schokoladenpulver mit etwas Sauce anrühren und dazugeben. Bei schwacher Hitze Hasenstücke etwa 1 1/2 Stunden im geschlossenen Topf schmoren lassen. Dann herausnehmen und auf einer Platte anrichten. Sauce durch ein Haarsieb streichen, das Gemüse mit passieren. Die eventuell noch vorhandenen Innereien in Streifen schneiden und mit feingehackten Zwiebeln in Butterschmalz anbraten. Sie kommen zusammen mit dem angebratenen Speck zu den Fleischstücken und werden mit der heißen Sauce übergossen.
In Salzwasser gekochter Rosenkohl, in Butter geschwenkt und mit einem Hauch Muskatblüte parfümiert, schmeckt dazu mit Kartoffelbrei und einem Glas Rotwein aus der Ortenau, wenn möglich der Rotwein der Sauce.

Wie die Rebhühner leiden auch die Hasen darunter, daß die moderne Landwirtschaft ihnen auf den Äckern nicht mehr genügend Unterschlupf läßt. Vom Unfug der Unkrautbekämpfung mit chemischen Mitteln ganz zu schweigen, was weder dem Hasennachwuchs noch den Rebhühnern eine Chance läßt. Sie sind zwar kein Unkraut, aber Gift bleibt auch für sie Gift.

Badischer Wein von der Sonne verwöhnt
BADEN
AFFENTALER
SPÄTBURGUNDER
ROTWEIN
11,5 % vol

45 Vol. %
0,7 l
Glottertal

Süsse Speisen, Kuchen und Desserts

Dampfnudeln mit Weinsauce

Für die Dampfnudeln:
500 g Mehl
1/4 Liter Milch
100 g Zucker
1 Würfel Hefe
100 g Butter
1 Ei
1 Prise Salz
1 Päckchen Vanillezucker oder abgeriebene Zitronenschale

Für die Zubereitung:
etwas Milch
1 walnußgroßes Stück Butter
1 EL Zucker

Für die Weinsauce:
1/8 Liter Weißwein (z. B. Riesling)
100 g Zucker
2 ganze Eier
2 Eigelbe
einige Tropfen Zitronensaft

Tip:
Am besten kann man mit Nase und Ohren feststellen, ob die Dampfnudeln fertig sind. Dann riecht es nämlich nach frisch gebackenem Brot. Wenn man überdies die Dampfnudeln leicht krachen hört, sind sie fertig.

Für die Dampfnudeln: Mehl in eine Schüssel sieben. In die Mitte eine Vertiefung drücken. Mit 4 Eßlöffeln handwarmer Milch, 1 Eßlöffel Zucker und der zerbröckelten Hefe in der Vertiefung einen Vorteig anrühren. Die Butter in Stücke schneiden und in der erwärmten Milch schmelzen.
Wenn der Vorteig Blasen wirft, alle Zutaten für die Dampfnudeln zu einem Teig verkneten, bis er sich von der Schüssel und von den Händen löst. Teig zu einer Kugel formen, in einer mit einem Tuch bedeckten Schüssel an einen warmen, zugfreien Ort stellen, bis sich die Teigmenge verdoppelt hat. Das dauert etwa 1/2 Stunde. Noch einmal durchkneten und Bällchen in der Größe von Tischtennisbällen formen. Auf ein mit Mehl bestäubtes Brett setzen, etwa 1/2 Stunde gehen lassen, bis sie die Größe von Tennisbällen erreicht haben.
Boden einer Kasserolle mit Milch bedecken, das Stück Butter und den Zucker dazugeben und aufkochen. In diese Flüssigkeit die Teigbälle nicht zu dicht hineinsetzen. Die Kasserolle mit einem gut schließenden Deckel zudecken und erhitzen. Heben Sie um Himmelswillen den Deckel nicht, bevor die Dampfnudeln fertig sind. Sie fallen sonst zu ungenießbaren Teigklumpen zusammen. Sobald das Geräusch des Köchelns zu hören ist, Hitze auf kleinste Stufe reduzieren und die Kasserolle noch 20–25 Minuten auf der Platte lassen. Den Deckel vorsichtig abnehmen, daß kein Kondenswasser auf die Nudeln tropft, mit einer Bratschaufel herausnehmen und sofort servieren. Sie sollten von einer vornehmen Blässe sein, aber möglichst unten eine appetitliche Kruste aus Karamel haben. Dazu wird Weinsauce serviert.
Für die Weinsauce: Im heißen Wasserbad die Zutaten mit einem Schneebesen zu Schaum schlagen und warm zu den Dampfnudeln servieren.

Fleisch war für unsere Eltern und Großeltern immer etwas Besonderes und für Samstag und Sonntag reserviert, am Montag gab es vielleicht noch Reste. An einem Tag in der Woche gab es eine dicke Suppe und ein süßes Hauptgericht wie Zwetschgenkuchen zur Kartoffelsuppe oder Apfelwaihen am Brotbacktag. Oder es gab Grießschnitten in Ei gewälzt und gebraten, Kartäuserklöße, süßen Reisbrei oder Dampfnudeln mit Weinsauce.

Kirschenplotzer

6 große Milchbrötchen
1/2 Liter Milch
250 g Butter
6 Eier
200 g Zucker
250 g gestiftelte Mandeln
2 TL Zimt
1 Messerspitze Nelkenpulver
Kirschwasser nach Geschmack
1 1/2 kg süße Kirschen
Butter für die Form

Tip:
Mit nicht entsteinten Kirschen wird dieser Auflauf saftiger.

Die Brötchen in kleine Stücke schneiden. Milch zum Kochen bringen und über die Brötchen gießen. Dann zur Seite stellen. Die weiche Butter in einer Schüssel schaumig rühren. Die Eier trennen, Eigelbe und Zucker zur Butter geben. Mandeln, Zimt, Nelkenpulver und Kirschwasser hineinrühren. Aus dem Eiweiß Schnee schlagen und unter die Masse heben. Diese Masse mit den gut gewaschenen und entstielten Kirschen vermischen und in eine gut eingefettete Springform oder Auflaufform füllen. Den „Plotzer" etwa 75 Minuten bei 200 °C im vorgeheizten Backofen backen. Auflauf in Stücke schneiden und warm servieren.

Wenn im Juni die Kirschen rot und blau und süß an den Bäumen hängen, dann überlegt sich die bäuerliche Hausfrau, wie sie diesen Überfluß am besten für die Familie nutzen könnte. Man kann Kirschen roh essen, man kann Marmelade daraus machen oder Saft, Kompott kochen, Schnaps brennen, Schwarzwälder Kirsch (der natürlich aus Wildkirschen gemacht wird, wenn er echt ist), man kann sie selbstverständlich auch verkaufen. Aber wie mache ich aus den Kirschen eine volle Mahlzeit? Irgendwann ist wohl jemand auf diese Idee gekommen: Kirschenplotzer.

Scherben

Bekanntlich spielt die Fasnacht im schwäbisch-alemannischen Raum eine erhebliche Rolle. Zur Fasnacht gehören die geschnitzten Holzmasken genauso wie die Fasnachtsküchle, auch Scherben genannt. Man kann sie am Mittag zu Kartoffelsuppe essen oder am Abend zu einem Glas Wein. Am besten schmecken sie warm.

5 Eigelbe
1 großes Ei
50 g Zucker
4 EL Sauerrahm (40 % Fett)
400 g Mehl

Zum Ausbacken:
Butterschmalz oder ein anderes Backfett

Zum Bestreuen:
Puderzucker

Eigelbe, das Ei, Zucker und Rahm verrühren. Das Mehl sieben und nach und nach mit der Ei-Zucker-Masse zu einem Teig verarbeiten. Diesen möglichst dünn ausrollen. Dann mit dem Backrädchen Rhomben von einer Seitenlänge von etwa 5 cm ausschneiden. Mit einer Gabel hineinstechen, damit beim Ausbacken keine Blasen entstehen. Die Teigrhomben beidseitig im heißen Fett 3–4 Minuten schwimmend goldbraun ausbacken. Herausnehmen und mit Puderzucker bestäuben. Warm servieren.

Linzertorte

Für eine Springform von 28 cm Durchmesser

250 g Butter
4–5 Eigelbe
250 g Zucker
abgeriebene Schale von 1 Zitrone
1 Messerspitze Zimtpulver
1 Messerspitze Nelkenpulver
2 Gläschen Kirschwasser
125 g gemahlene Walnüsse
125 g gemahlene Mandeln
500 g Mehl
1/2 Päckchen Backpulver

Für die Form:
Butter

Zum Bestreichen:
1 Glas Johannisbeergelee oder Himbeermarmelade

Tip:
Je länger die Linzertorte nach dem Backen ruht, desto besser wird sie, das Minimum sind drei Tage.

Die Butter bei Zimmertemperatur etwas weich werden lassen und schaumig rühren. Etwas Eigelb zum Bestreichen aufbewahren. Eigelbe und Zucker zur Butter geben und etwa 10 Minuten rühren. Dann die Zitronenschale, Zimt- und Nelkenpulver, Schnaps, Nüsse und Mandeln hinzugeben, das Mehl zusammen mit dem Backpulver darübersieben und alles gut verkneten. Eine Teigkugel formen und an einem kühlen Ort etwa 1 Stunde kalt stellen. Den Teig in 2 Hälften teilen. Aus der einen einen runden Boden von etwa 1/2 cm Dicke ausrollen. Eine gut mit Butter eingefettete Springform damit belegen. Johannisbeergelee oder Himbeermarmelade über den Teig streichen. Die zweite Hälfte des Teiges ebenso ausrollen und daraus etwa 1 1/2–2 cm breite Streifen ausrädeln. Mit diesen Streifen die Marmelade im spitzen Winkel gitterartig belegen. Zum Schluß einen Streifen als Rand um den ganzen Kuchen legen. Das Gitter und den Rand mit dem aufbewahrten Eigelb bestreichen.
Die Linzertorte bei etwa 180 °C im vorgeheizten Backofen 1 Stunde backen.

Der Festtagskuchen der Schwarzwälder ist die Linzertorte. Weihnachten, Ostern, Kindstaufe, Erstkommunion, Konfirmation, Hochzeit, Beerdigung, Besuch: Linzertorte. Es gibt heut' noch Familien, in denen die Linzertorte zum Sonntag gehört wie der Kirchgang und die Nudelsuppe. Dabei hat jede Hausfrau ihr eigenes Rezept, es gibt da richtige Glaubenskämpfe: mit Kakaopulver oder ohne, mit Walnüssen (macht den Kuchen sehr fett) oder Mandeln, mit Himbeermarmelade oder Johannisbeergelee oder gar mit Preiselbeeren, mit einem Gitterwerk oder mandelförmigem Muster. In einem aber sind sich alle Schwarzwälder einig: Zur Linzertorte trinkt man Wein, am besten einen schönen Gutedel. Auch die Linzertorte ist eine Erinnerung an die Zeit, als der Schwarzwald noch österreichisch war.

Onkel Ludwigs Schwarzwälder Kirschtorte

Für eine Springform von 26 cm Durchmesser

Für den Teig:
4 Eier
4 EL warmes Wasser
175 g Zucker
1 Päckchen Vanillezucker
100 g Mehl
100 g Kartoffelmehl
3 TL Backpulver
3 EL Schokoladenpulver

Für die Füllung:
1 Glas entsteinte Sauerkirschen (etwa 450 g Einwaage) oder 500 g gekochte entsteinte Sauerkirschen
1 Zimtstange
1 Messerspitze Nelkenpulver
2 Blatt weiße Gelatine
1 Liter süße Sahne
2 Päckchen Sahnesteif
3–4 EL Kirschwasser
1 Päckchen Vanillezucker
Blockschokolade

Tip:
Die Torte wird im Kühlschrank aufbewahrt und schmeckt am nächsten Tag noch besser.

Für den Teig: Eier trennen. Eigelbe mit dem Wasser schaumig rühren, 2/3 des Zuckers sowie den Vanillezucker zugeben und cremig rühren. Die 4 Eiweiße zu festem Schnee schlagen, dabei nach und nach den restlichen Zucker dazurühren. Schnee unter die Eigelbmasse heben. Mehl mit Kartoffelmehl, Backpulver und Schokoladenpulver mischen und zu der Masse geben. Boden einer Springform mit Backtrennpapier belegen und Teig einfüllen. Backofen auf etwa 180 °C vorheizen und 20–30 Minuten backen. Wenn der Biskuit erkaltet ist, mit einem Faden zweimal horizontal in drei gleich dicke Scheiben schneiden.

Für die Füllung: Saft der Kirschen mit Nelkenpulver und der Zimtstange erhitzen, mit Gelatine nach Packungsvorschrift etwas eindicken. Untere Biskuitscheibe mit Kirschwasser beträufeln und die Hälfte der Kirschcreme daraufstreichen. Eine dichte Lage Kirschen darübergeben. Sahne schlagen und mit Sahnesteif festigen. Etwa 1/4 der Sahne über die Kirschen streichen. Darauf die mittlere Biskuitscheibe legen. Diese ebenfalls mit Kirschwasser beträufeln, mit Kirschcreme bestreichen, mit Kirschen belegen und mit einem weiteren Viertel der Sahne bedecken. Darüber die obere Biskuitscheibe legen, die ebenfalls mit Kirschwasser beträufelt wird. Mit der verbleibenden Hälfte der Sahne den ganzen Kuchen rundherum bestreichen. Einen kleinen Rest in eine Spritztüte geben und die Torte damit verzieren. Mit den restlichen Kirschen die Tortenstücke markieren. Zum Schluß über die Torte Blockschokolade raspeln.

Ich stelle es mir so vor: Da kommen in den 60er Jahren des letzten Jahrhunderts die reichen Leute aus Europa in den Schwarzwald nach Baden-Baden. Sie baden in den Thermen, die schon seit der Römerzeit benutzt werden; sie spielen im schönsten Kasino der Welt, flanieren in der Lichtentaler Allee, sitzen in den Cafés rund um den Augustaplatz und suchen das Besondere, das Einmalige, das Teure wohl auch. Da kommt ein Baden-Badener – oder war es ein Badenweiler, ein Herrenalber oder Wildbadener oder Freudenstädter – Konditor auf die Idee, eine Schwarzwälder Torte zu kreieren, und sie wird ein Welterfolg.

Tante Marias Kraichgauer Käsekuchen

Für eine Springform von 28 cm Durchmesser

Für den Mürbeteig:
200 g Mehl
1 Ei
2 EL Zucker
1 Päckchen Vanillezucker
80 g Butter

Für die Form:
Butter
Semmelbrösel

Für die Käsemasse:
500 g Quark
3 EL Mehl
3 EL Zucker
1/8 Liter süße Sahne
1/8 Liter Sauerrahm
2 Eier
60 g Rosinen
60 g Korinthen

Für den Mürbeteig: Mehl auf ein Backbrett sieben, in die Mitte eine Vertiefung drücken. Da hinein das Ei geben, Zucker und Vanillezucker über dem Mehl verteilen, kalte Butter in Flöckchen darübergeben. Ei in der Vertiefung mit etwas Mehl verrühren. Mit einem Messer die Butterflöckchen, den Zucker und das Mehl durchhacken und rasch mit den Händen zu einem Teig verkneten und 1 Stunde kalt stellen. Damit das Ausrollen des Mürbeteiges gut klappt, ist es nötig, daß er ganz durchgekühlt und fest geworden ist.
Eine Springform gut mit Butter einfetten und auch am Rand mit Semmelbröseln bestreuen. Den Mürbeteig etwa 1/2 cm dick ausrollen und in die Form legen. Dabei einen 3–4 cm hohen Rand hochziehen.
Für die Käsemasse: Den Quark mit dem Mehl gut verrühren. Dann die restlichen Zutaten dazugeben, alles sehr gut mischen und auf dem Mürbeteigboden gleichmäßig verteilen. Dann den Kuchen im vorgeheizten Backofen bei 150–175 °C etwa 80–90 Minuten backen. Nach kurzem Abkühlen den Rand der Springform entfernen, ein Gitter auf den Kuchen legen und zusammen mit diesem umdrehen. Dann vorsichtig den Boden der Form entfernen. Wenn der Kuchen ausgekühlt ist, wird er vorsichtig wieder umgedreht und auf eine Kuchenplatte gelegt.

Buttergebackenes

Weihnachten droben auf dem Wald war ein einfaches Fest. Es gab einen Christbaum mit Kerzen. Weihnachtsgutsele hingen daran und ein paar Süßigkeiten. Die kleinen Geschenke waren praktischer Art: ein Paar Socken, ein Taschentuch. Buttergebackenes sind die Weihnachtsgutsele der Schwarzwälder.

250 g Butter
500 g Mehl
4 große EL Zucker
1 Ei
3 EL Weißwein

Zum Bestreichen:
1 Eigelb

Die weiche Butter schaumig rühren und mit dem Mehl vermischen. Dann Zucker, Ei und Weißwein zugeben und zu einem festen Teig verarbeiten, mindestens 1 Stunde kalt stellen.
Teig etwa 1/2 cm dick ausrollen. Dann mit Blechmodeln Figuren ausstechen und auf ein gut eingefettetes oder mit Backtrennpapier ausgelegtes Blech legen. Die Plätzchen mit Eigelb bestreichen und bei mittlerer Hitze (175 °C) im vorgeheizten Backofen etwa 10 Minuten backen.

Bierewecke

Für 5 kleine Laibe

750 g getrocknete Birnenschnitze
500 g getrocknete Zwetschgen
300 g Zucker
1,5 kg Roggenmehl
20 g Hefe
1/4 Liter Wasser
1 EL Zucker
1 EL Salz
125 g Korinthen
125 g Sultaninen
250 g Walnußkerne
40 g Zitronat
40 g Orangeat
1 1/2 TL Zimt
1 TL Nelkenpulver
1/8 Liter Kirschwasser

Am Vortag die Birnenschnitze und die Zwetschgen waschen und in 1 1/2 Liter Wasser über Nacht einweichen. Am nächsten Tag die Birnen und Zwetschgen mit 300 g Zucker aufkochen und in ein Sieb geben. Die Brühe auffangen. Das Roggenmehl in eine ausreichend große Schüssel geben und eine Vertiefung in das Mehl drücken. Darin mit der Hefe, etwas Zucker und etwas von der Brühe einen Vorteig anrühren. Wenn der Vorteig Blasen geworfen hat, mit dem Mehl und etwa 400 ml Brühe zu einem Brotteig verarbeiten, der etwa 3/4 Stunde geknetet werden muß. Ist der Teig zu fest, noch etwas Brühe dazugeben. Etwas Brühe zum Bestreichen übriglassen. Dann kommen die kleingeschnittenen Birnenschnitze, die kleingeschnittenen Zwetschgen, die Korinthen und die Sultaninen, die gehackten Nußkerne, das würflig geschnittene Zitronat und Orangeat, Zimt, Nelken, Kirschwasser und Salz hinzu. Nachdem alles gut durchgearbeitet ist, so daß die Zutaten möglichst gleichmäßig im Teig verteilt sind, fünf längliche Laibe formen und auf ein mit Mehl bestäubtes Brett setzen. Über Nacht ruhen lassen. Am nächsten Tag bei etwa 180 °C etwa 1 1/2 Stunden im vorgeheizten Backofen backen. Bevor die Laibe in den Ofen kommen und 5 Minuten vor dem Herausnehmen werden sie mit dem Rest der Zwetschgenbrühe bestrichen, so daß sie eine dunkle, glänzende Farbe bekommen.

Weihnachten ist auch das Fest für Bierewecke. Im Prinzip sind sie nichts anderes als Brotteig aus Roggenmehl vermischt mit dem, was es im bäuerlichen Haushalt zu dieser Jahreszeit an Gutem und Süßem gibt: getrocknete Früchte, Nüsse, Kirschwasser. Bierewecke wurden früher am Weihnachtsabend gegessen. Wenn man Glück hatte, gab es noch Butter dazu zum Bestreichen und ein Glas Wein. Der Bauer brachte um Mitternacht den Tieren im Stall ein kleines Stück, damit sie im kommenden Jahr gesund blieben und die Kühe viel Milch gaben.

Gefüllter Hefekranz

Für den Teig:
750 g Mehl
40 g Hefe
1/4 Liter Milch
100 g Zucker
150 g Butter
1 Ei

Für die Füllung:
1 Eiweiß
125 g gemahlene Haselnüsse
2 EL Zucker
1 Messerspitze Zimt
eventuell etwas Milch

Für die Form:
Butter

Zum Bestreuen:
Puderzucker

Für den Teig: Mehl in eine Schüssel geben, in die Mitte eine Vertiefung drücken. Hefe hineinbröckeln und mit 1 Teelöffel Zukker und etwa 4 Eßlöffeln handwarmer Milch darin einen Vorteig anrühren. An einem warmen Ort etwa 1/4 Stunde gehen lassen.
Dann die in Flocken geschnittene Butter in der erwärmten Milch zum Schmelzen bringen. Mit dem Mehl, dem Vorteig, dem restlichen Zucker und dem Ei so lange verkneten, bis sich der Teig von der Schüssel löst. Den Teig in einer mit einem Tuch bedeckten Schüssel an einem warmen Ort gehen lassen, bis er ungefähr um die Hälfte seines Volumens zugenommen hat. Das dauert etwa 30 Minuten.
Für die Füllung: Das Eiweiß zu Schnee schlagen und mit den restlichen Zutaten vermengen. Sollte die Masse zu fest sein, wird sie mit etwas Milch verdünnt.
Wenn der Teig gegangen ist, etwa fingerdick ausrollen, Haselnußmasse gleichmäßig daraufstreichen und vorsichtig aufrollen. Die Rolle in eine gebutterte Ringform legen. Die beiden Enden so zusammendrücken, daß Anfang und Ende nicht mehr sichtbar sind. Den Kranz bei mittlerer Hitze (150–175 °C) 45 Minuten im vorgeheizten Backofen backen. Nach dem Abkühlen mit Puderzucker bestreuen.
Er schmeckt gut zu einem Glas Grauburgunder.

Quitten nach Freiburger Herrenart

Blick vom Schloßberg auf Freiburg mit dem Schwabentor.

Für 8 Personen

4 mittelgroße Quitten
250 g Zucker
1/4 Liter nicht zu herber Rotwein
1/2 Tasse Wasser
1 Stange Zimt
1 EL Nelken
1/4 Liter süße Sahne

Die Quitten halbieren und Kernhäuser entfernen. Die Hälfte des Zuckers in eine Auflaufform streuen. Die Quitten mit der Schale nach oben daraufsetzen. Dann den Wein, das Wasser und die Gewürze dazugeben. Zum Schluß den übrigen Zucker darüberstreuen. Den Backofen auf 200 °C vorheizen und die Quitten in der Auflaufform 1 Stunde garen. Sie werden kalt mit einer Sahnehaube serviert.

Das war immer ein Fest, wenn Mutter Quittengelee machte! Wenn der Küchenhocker auf den Tisch kam, mit den Beinen nach oben, ein Küchenhandtuch dazwischen befestigt wurde und aus diesem vom hineingeschütteten heißen Quittenbrei der Saft für das Gelee in eine darunterstehende Schüssel tropfte. Mir ging es nicht so sehr um das Gelee, das Mutter aus dem Saft mit viel Gelierzucker bereitete, sondern um den Rückstand, das Feste von den Quitten, aus dem Mutter für mich Quittengutsele machte. Sie waren wunderbar. Nur ein Ersatz dafür sind diese himmlischen gebackenen Quitten nach Freiburger Herrenart.

Schwarzwälder Schneeballen

Die Bollenhüte, die im Gutachtal zur Tracht gehören, sind in aller Welt Symbol für Schwarzwaldromantik.

2 Eiweiße
1 Prise Salz
1/2 TL Zitronensaft
50 g Zucker
1/2 Liter Milch
1/2 Vanilleschote
4 Eigelbe
einige kleine Pfefferminzblätter
rote Früchte nach Belieben

Die Eiweiße mit dem Salz und dem Zitronensaft zu einem festen Schnee schlagen. Dabei die Hälfte des Zuckers vorsichtig dazurieseln lassen und so lange weiterschlagen, bis sich der Zucker aufgelöst hat. In einem möglichst flachen Topf Wasser zum Kochen bringen. Dann mit einem Löffel „Schneeballen" aus dem Eischnee stechen und sanft auf das Wasser geben, das jetzt nicht mehr sprudeln darf. Schneeballen etwa 10–15 Minuten garen. Sie müssen dabei einige Male gedreht werden, so daß das Eiweiß auf allen Seiten fest wird. Mit einem Schaumlöffel herausnehmen und zum Auskühlen auf ein Kuchengitter legen. Nun die Milch zusammen mit der längs aufgeschnittenen Vanilleschote und dem Mark zum Kochen bringen. Die 4 Eigelbe mit dem restlichen Zucker schaumig rühren. Die Vanilleschote entfernen und die Milch etwas abkühlen lassen, dann mit dem Schneebesen in den Eigelbschaum einrühren, so daß eine luftige Sauce entsteht. Die Vanillesauce jeweils auf einen Teller geben, Schneeballen in die Mitte setzen. Mit roten Früchten wie etwa Himbeeren oder Walderdbeeren sowie Pfefferminzblättchen garnieren.

Wenn man ein typisch badisches Menü essen möchte, sollte man mit Grünkernsuppe beginnen, mit Schäufele und Kartoffelsalat fortfahren oder auch mit Sauerbraten und Nudeln und als Krönung das Ganze mit Schwarzwälder Schneeballen und Vanillesauce beenden. Ja, auf Anhieb fällt mir überhaupt kein anderes badisches Dessert ein, denn alle übrigen Süßspeisen sind bei genauerem Betrachten Hauptspeisen, die früher, in ärmeren Zeiten, nach der Brot- oder Kartoffelsuppe kamen.

Die Rezepte nach Gruppen

Soweit in den Rezepten nichts anderes vermerkt ist, sind die Zutaten für vier Personen berechnet.

Vorspeisen und Vesper

Suppen

Gemüse, Beilagen und Salate

Fische

Fleisch, Wild und Geflügel

Süßspeisen und Desserts

Kuchen und Gebäck

Die Rezepte alphabetisch

Soweit in den Rezepten nichts anderes vermerkt ist, sind die Zutaten für vier Personen berechnet.

Bildquellen

Bilderberg: 44 (Frieder Blickle); 184 (Klaus Bossemeyer); 42 (Michael Engler); 5, 12, 31, 37, 40/41, 64 (Thomas Ernsting); 2, 35 o. (Georg Fischer); 10, 11 o. (Eberhard Grames); 86 (Wolfgang Kurz); 11 u. (Hans Madej); 48, 50, 51 (Andrej Reiser)

Focus: 38 (Walter Mayr); 7, 25 o., 49 (Erich Spiegelhalter); 20 (Udo Tschimmel); 8, 9 (Mike Yamashita)

Erich Spiegelhalter: 6, 13, 14/15, 17 (beide), 18, 19, 21, 22/23, 24, 25 u., 26, 30, 32/33, 39, 45, 52, 53 (beide), 55, 57, 59, 74, 80, 108, 114, 118, 122, 130, 168, 176, 182

IFA: 34 (Pahlke), 35 u. (Oertel), 46 (Eckhardt), 126 (Jakob), 142 (G. Hahn)

Mauritius: 36 (Bach); 47 (fm)

Gruner & Jahr/Essen und Trinken: 58 (Beckert); 27, 60/61 (Ruhde); 28/29, 54 (Stradtmann)

Sigloch Bildarchiv: 62/63, 92/93, 112/113, 162/163 und alle ungeraden Seitenzahlen 64–185 (Hans Joachim Döbbelin); 43 (Erich Spiegelhalter)

Impressum

Reproduktion: Otterbach Repro, Rastatt
Satz: Setzerei Lihs, Ludwigsburg
Druck: Druckerei Eberl, Immenstadt
Papier: 135 g/m² BVS glänzend chlorfrei der Papierfabrik Scheufelen, Lenningen
Bindearbeiten: Sigloch Buchbinderei, Künzelsau
ISBN 3-89393-075-2

ie neue Linie

uch Kochbücher sind Ausdruck ihrer Zeit. Die Vielfalt der deutschen egionalküchen hat durch die neuen Bundesländer an Buntheit eine lenge hinzugewonnen, vergessene regionale Spezialitäten und bodenändige Gerichte erfreuen sich wachsender Beliebtheit.

ie neue Linie der Reihe „Kulinarische Streifzüge" widmet sich in nem umfangreichen Einleitungsteil verstärkt der Kultur, dem Land nd den Leuten. So wird aus einem Kochbuch ein regelrechter Reisehrer, in dem alteingesessene Kenner einer Region ihre Zugehörigkeit nd Liebe zum jeweiligen Landstrich in Anekdoten und Geschichten ekunden.

roßzügigkeit in der Text- und Bildgestaltung erlaubt Übersichtlicheit, vermittelt optische Leichtigkeit. Dies kommt auch den Rezepten ugute: die Einteilung in Rezeptgruppen, die lebenden Kolumnentitel owie die authentischen, modernen, aber nicht modernistisch übertrieenen Farbfotos der Rezepte werden durch Bilder zu Landschaft und euten ergänzt und bringen dem Leser die Charakteristika einer egion auf schmackhafte Weise näher.